弱い男

野村克也

JN053006

星海社

173

SEIKAISHA SHINSHO

はじめに

星海社編集部　丸茂智晴

本書の企画は、「男の弱さ」をテーマに野村克也さんへインタビューすることから始まりました。

インタビューを開始したのは、2019年12月。野村さんが最愛のひと・沙知代さんを亡くされてからすでに2年が経過していました。人生の先達として「男の弱さ」とは何か、そしてその弱さを抱えてなお生き続けるにはどうすればよいのか、その人生を振り返りながら野村さんにご指南いただく本を刊行するべく臨んだインタビューでした。

世間の多くの方と同様に、野村さんは私のなかで長らく「テレビの中の人」でした。平成生まれの私は、野村さんの野球選手としての現役時代をリアルタイムで見ることは当然なく、東北楽天ゴールデンイーグルス監督として憮然《ぶぜん》とした表情で時折微笑みながらユーモアあるぼやきの数々を口にする、そんな泰然としたイメージを抱いていました。「強い男」である野村さんに「男の弱さ」を語っていただこう、そんな気持ちでいたのです。

ですが、初めてお目にかかった野村さんは――失礼を承知で表現すれば――やるせない孤独に包まれた「弱い男」でした。インタビューで野村さんが口にされた言葉からは、ことごとく生きることへの前向きな意志が喪《うしな》われていたのです。

「今ではいつ死んでもいいと考えている。もうこれ以上長生きしたいとは思わない」

そう言われ、想定していたテーマは瓦解《がかい》しました。「まだまだ人生いいことがきっとありますよ」と、おためごかしでも言うべきだったのかもしれません。けれど、あまりにも重々しく、生きていることの空虚さをぼやく野村さんに、かける言葉は見つかりませんでした。

野村さんが人生で噛みしめてきた「男の弱さ」を語っていただくばかりのインタビューは、2020年の1月へ続きました。ついに生きることへの希望を一言も口にされないまま、野村さんの幼少から現在への振り返りは終わってしまい、インタビューはそこで一区切りとなりました。

そして2020年2月11日、野村克也さんがご逝去されました。

抜け殻のような野村さんと向かい合いながらも、こんなにもすぐに亡くなられてしまうとは思っていませんでした。生きることへの希望を考える最後のインタビューに臨むことで、本書の取材は完了するはずでした。残されたのは、悲観的で諦観《ていかん》に満ちた言葉だけ。救いようのない酷薄な死の直前の述懐のみを手に、一度は出版を断念することも検討しました。しかし、野村さんが己の弱さを噛みしめて口にされた言葉の数々は、「老い」「孤独」「弱さ」に向き合って野村さんが生きてきた軌跡であることに間違いありません。その10時間におよぶ貴重な音源を秘蔵にしてはならないとの思いから再度の書籍化を目指しました。逝去から一年という時間が経過してしまいましたが、野村さんの事務所のご協力があって本書の刊行に至りました。

野村克也さんの死の直前の言葉が、本書には赤裸々に綴《つづ》られています。

野村さんが人生の終幕に抱えていた「男の弱さ」の耐え難き重さの一片を、読者のみなさまに受け取っていただけることを願ってやみません。

目次

第二章 母は強い 43

第三章 父は弱い 71

第四章 妻は強い

第五章 老人は弱い 137

第一章

私は弱い

沙知代が逝ってからの空虚な日々

男は弱い――。

２０１７（平成29）年12月8日、妻が突然逝った。

沙知代がいなくなったその日からずっと、私は男の弱さを痛感している。

別に自分のことを「強い男だ」なんて思ってはいなかったけれど、それにしても自分がこんなに弱い存在だとはまったく自覚もしていなかった。この年になって、自分の弱さを改めて知るなんて思わなかったよ。

サッチーが強い女だったから、余計にだ。

以前から、「頼むから、オレより先に逝くなよ」と伝えていた。すると、決まって沙知代は「そんなのわからないわよ」と言っていた。

本心を言えば、「絶対にオレの方が先に逝くだろう」と思っていたから、そんな言葉を沙知代に投げかけていたんだ。だからこそ、しばらくの間、私は現実を受け止めることができなかったのだ。……いや、いまだに私は現実を直視できていないのかもしれない。

私は常々、「野村克也―野球＝ゼロ」と言ってきたけど、「野村克也―沙知代＝ゼロ」だと改めて痛感している。野球の世界ではそれなりに実績を残し、「名選手だ」「名将だ」とおだてられることもあった。

けれど、もしも寝たきりになったら……。

もしも痴呆になったら……。

そんな不安に直面すると、「頼れる者は沙知代しかいなかったんだな」と改めて思い知らされて、不安で不安で仕方がなくなってくるんだ。

やっぱり男は弱い。


サッチーが家にいないってことが辛い。話し相手がいないということが、こんなにこたえるとは思ってもいなかった。

沙知代がいたときも、別に仲良しこよしの会話の絶えない夫婦だったわけではない。むしろ、お互い用向きがなければ会話なんて一切しなかった。

年寄り夫婦はどうやって過ごすのが普通なのだろうか?

毎年、沙知代が好きだったハワイに行くのを別にすれば、二人で遊びに出かけるなんて、私たちはほとんどなかった。人生の余りのような、オマケのような時間。仕事に忙殺されていた昔とは違って今は時間に余裕がある。

長く訪れた暇は、お互いテレビを観ることで消化していた。それも一台のテレビを一緒に眺めるわけではない。私はリビングで、サッチーはダイニングで、別々にテレビを観ていた。同じ番組だったとしても、違うテレビで観ていたのだ。家庭内別居だよ。

こう言うと、離婚寸前だったように思われるかもしれないけど、別に危機的状況にあったわけじゃない。少しずつ仕事が減っていくにつれて、ただ自然と会話の必要性も減っていっただけだ。

たいていは夫の仕事がなくなったら妻との時間が増えるものらしいけど、私の仕事は長らく沙知代に監督されていたからな。むしろ、仕事があるときの方が妻との時間は多かった。常に沙知代に監視、監督されていたんだね。

監督を監督していたんだ。すごい仕事をしていたよ、サッチーは。

私からすれば、サッチーの夫をしていた私の方がよっぽど大変ですごい仕事をしていたと言いたいところだけど、世間から見れば「監督の監督をしていたサッチーの方が立派だ」となるんだろうね。仕方ないよね。

仕事がなくなれば、ぽっかり空いた時間を夫婦で使わなければならない。

妻に愛を注ぎたかった夫、夫との触れあいを求めていた妻にとっては、晩年は人生にとって有意義な期間なのかもしれない。

けれど、私にはそんなことを考える夫や妻がいることがあまり信じられないな。歳を重ねていくほど仲を深めていく夫婦か……。

なるほどそれは美しい理想の夫婦なのかもしれない。どこかにそんな夫婦がいることにはいるのだろうが、長年連れ添った相手だ。今さら「もっと仲睦まじくしたい」なんて思わない人がほとんどじゃないのかな？　せいぜい、子どもや孫をかわいがったり、ペットを飼うのが関の山だよ。

うちでも犬を飼っていた。犬は愛情を注げば注ぐだけ、それに応えてくれる。変な選手よりもよっぽど頭がいい。うちの女房はドーベルマンのような猛犬だったけどね。

愛犬は半年前に死んでしまった。だから本当に今は独りだ。やもめ暮らしだよ。

確かに、仕事が少なくなった分、私も夫婦の時間を作りたいと思えば作れたのかもしれないけど、そんなことは考えもしなかったな。

夫婦がそこで時間を消化することが耐えられないとなれば、熟年離婚に至るわけだ。でも私も沙知代も、仕事がなくなったときには熟年離婚なんて年齢もとうに過ぎ去っていたから。離婚するにもエネルギーがいるもんだ。私にも沙知代にも、もうそんなエネルギーはなかったのかもしれない。

まぁ、私は離婚なんて一度も考えたことなかったけれどね。耐えてみせたよ。


町でいちばんの極貧家庭に生まれて……


沙知代がいなくなってから、男の弱さを痛感する毎日が続いている。けれども、よくよく考えてみれば私の弱さは、何も今になって始まったことではないことに気がついた。

ここまでの人生を振り返れば、私は常に弱かった。

町でいちばんの極貧家庭に育った幼少期も、いじめや登校拒否に悩んだ小学生時代も、ようやくプロ野球選手になった若手時代も、世間から注目される選手となった全盛期も、周囲から、「監督、監督」とおだてられていた指導者時代も、私はいつも弱かった。

沙知代以外の他人に弱みを見せることはしなかったから、周りの人は気づいていたのかどうかはわからない。でも、私自身の胸の内を静かにのぞいてみれば、そこには常に「弱さ」があり、弱気な自分との闘いがあった。


私が初めて自分の「弱さ」を実感したのはいつのことだろう?

記憶にあるのは小学生の頃かな？　私は丹後半島の西部、日本海に面した京都府竹野郡網野町（現在の京丹後市）で生まれ育った。「京都の奥座敷」と呼ばれているところだった。

私が3歳のときに、父・要市は中国戦線で死亡した。昭和13年のことだった。

私の家は食料品店を営んでいた。父の名前から「野要食料品店」という屋号だった。父が出征してからは母・ふみが店を仕切り、叔母さんに手伝ってもらいながら、何とか生計を立てていたという。他人事のような言い方になってしまうが、私はまだ物心がつく前だったから、母が一生懸命働いている姿がわずかに記憶に残っている程度なのだ。

私が小学校2年生のときに、母は子宮がんを患った。

医療体制が今とは比べ物にならない戦前において、よく無事に助かったものだと思う。母は看護師だったので、不正出血にピンと来たために、早めの発見で命を取り留めたのだと後に知った。

さらに、私が小学校3年生のときには直腸のがんが見つかった。

父が亡くなり、母が病気がちだったため野要食料品店は休業するしかなかった。

そして小学校4年のときに終戦を迎えた。日本中が貧しい時代だった。しかし、そんな時代においても、わが家はさらに貧しかった。

白いコメなど食べられるはずもない。かろうじて自宅近くの海辺の砂地にサツマイモやジャガイモを植えて、空腹をしのぐ日々だった。

お金もない、食べるものもない。それに私は勉強も苦手だった。3歳上の兄・嘉明は対照的に勉強がよくできただけに、私の中にはいつも卑屈な思いが募っていった。

気がつけば私の胸の内の劣等感は、どんどんどんどん肥大化していったのだ。決して自慢できることではないけれど、私の家が町いちばんの貧乏だったのは間違いない。

イジメ、そして登校拒否の小学生時代

貧乏であることで、小学生時代の私はよくイジメられた。

私よりも身体の大きなガキ大将とその仲間たちは、いつも私を学校の校門で待ち伏せて、私の着ているボロボロの服のこと、粗末な弁当のこと、そして父がいないことをからかい続けた。教科書やカバンなど、持ち物がなくなったり、隠されたりすることも日常茶飯事だった。

そんな毎日が続いていれば、当然学校に行くのがイヤになってくる。

気がつけば私は学校に行かないこともあった。母は仕事に出ているので、私が昼間自宅

で泣いていることは知らない。誰にも悩みを打ち明けられずに泣いていると、本当に自分が惨めになってくる。

自分の弱さがふがいない。自分で自分のことが嫌いになる。

この頃から、すでに私は自分自身の弱さを自覚していたのだ。

そんな状況にあった私の異変に隣の家のおばさんが気づき、学校に連絡をしてくれた。

こうして、担任の先生が迎えに来てくれるようになった。

その先生こそ、私の初恋の相手だった。

当時、先生はまだ19歳の代用教員だった。彼女がイジメっ子たちをやっつけて味方になってくれたので、ようやく学校に行くことができるようになった。

もしもあの先生の存在がなかったら、私はずっと学校に行かなかったかもしれない。


貧乏だからイジメられる——。

この現実は幼い少年にとっては過酷なものだった。父が戦争で亡くなったことも、母が病気がちなことも、そして家が貧乏なことも、私のせいではない。

それにもかかわらず、こうしたことが原因となって私はイジメられた。当然、「貧乏はイヤだ」「絶対に金持ちになってやる」という思いが日に日に大きくなっていく。

金持ちになるために最初に考えたのが流行歌手になることだった。

当時、美空ひばりがデビューしたばかりだった。日本中で「天才歌手だ」と話題になり、レコードも主演映画も大ヒットしていた。単純な子どもだった私はすぐにコーラス部に入部し、初歩の初歩の発声練習に取り組んだ。

歌であれば、身体一つで何とかなるだろう、元手がかからないだろうと思ったからだ。すぐに才能がないことがわかった。音域が極端に狭く、人と同じように歌うことができないのだ。「人と違う」ということは、ある意味では才能でもある。しかし、私の場合に限って言えば、まったくそれは当てはまらなかった。

友人からのどを潰したら音域が広がると言われ、日本海に向かって大声を張り上げ続けたこともあった。しかし、一向に高い音が出ることはなかった。

次に夢見たのが映画俳優だった。

まだテレビが家庭に普及する以前のこと、映画は娯楽の王様だった。極貧家庭ではあったものの、近所のおじさんが映画館の支配人だったので「入っていいよ」といつもタダで映画を見ることができた。

女優では原節子、山本富士子が好きだった。男優であれば、上原謙、阪東妻三郎、片岡千恵蔵、佐野周二がお気に入りだった。

当時の私は、自分の容姿をまったく考慮に入れることなく、「私も二枚目俳優になろう」と真剣に考えたのだ。映画を見ては、急いで自宅に戻って鏡の前でたった今見たばかりの銀幕のスターたちの表情や仕草を真似してみる。

しかし、いくら単純な私でも、毎日鏡を見ていれば厳しい現実に気がつくことになる。

――いくら努力しても、上原謙にはなれない。

一気に情熱が冷めていくのが自分でもよくわかった。

こうして、次に私が選んだ道が人生を決定することになった。

そう、野球との出会いである。

甲子園とは無縁の無名プレイヤー

コーラス部を辞めた直後、次に選んだのが野球部だった。

元々、運動神経には自信があった。足は速かったし、バスケットボールも、バレーボールも、人並み以上に上手だった。今では誰も信じてくれないだろうけど。

終戦後の日本の国民的娯楽こそ、野球だった。

プロ野球の世界では赤バットの川上哲治、青バットの大下弘がスターだった。それは、私たち田舎の子どもたちにとっても同様だった。

さらに、大友工というアンダースロー投手が大好きだった。大友さんは兵庫県の出石（現在の豊岡市）という、私の地元から車で30分ほどのところの出身なのだ。

私はまだプロ入り前の大友さんのピッチングを生で見たことがあった。地元から誕生したプロ野球選手ということで、私は川上さんに加えて大友さんのファンになった。

また、私が高校で野球に夢中になっていた頃、読売ジャイアンツは51年から53年まで3年連続日本一となっている。強いチームに憧れるのは若者の特徴かもしれない。

私もご多分に漏れず大の巨人ファンとなり、中でも川上選手に魅了された。指導者らしきものもいなかったから、「いつかオレもプロ野球選手になるんだ」と、見よう見まねでがむしゃらにバットを振り続けた。

野球には本当に夢中になったな。

野球をやっている間だけは、自分の中の「弱さ」と向き合うこともなかったからだね。

中学2年で野球部に入った頃、ユニフォームを買う金なんてないから、一人だけランニングシャツでプレーをした。それでも、試合で活躍すればそんなことも気にならなかった。当時の写真が残っているよ。ユニフォーム姿で並ぶチームメイトたちの中で、私だけがランニングシャツに短パンだ。

中学3年になると、「お前は成績が悪いから中学を卒業したら就職しろ」と母に言われた。中卒じゃプロ野球界は目指せない。もちろん不可能ってわけじゃないけど、高校野球で活躍してからっていうのがプロ野球へのキャリアアップの常道だもの。

ショックだったよね。プロ野球選手になるのは、「母親にラクをさせたい」という純粋な思いからなのに、その道を母本人に閉ざされるわけだから。

中卒で働いたってどうしたって金持ちにはなれないよ。金持ちになるためにはプロ野球選手になるしかない。そう思っていたのに。

母には反対されたけど、兄の勧めもあって高校に進学することを許された。

すべて兄のおかげだった。当時、兄貴は高校3年生。私とは正反対で、勉強が趣味みたいな兄貴だった。「そんなに勉強ばっかりやってて楽しいか?」と聞いたら、「楽しいよ」と答えてくる。そういう性格だった。

「今どき、高校くらいは出ておかないと苦労するから」と、兄は私を高校へ行かせるように母を説得してくれた。

まあ、完全な方便だけど。私が「プロ野球選手になりたい」と考えていることを知っていたから、味方になってくれたんだね。就職するなら高校は出ておかないといけないってのもその通りだったけど。

もちろん母は渋ったよ。

けれど、「高校を卒業したらオレが就職するから、代わりにこいつを高校に行かせてやってくれ」と兄はダメ押ししてくれたんだ。本心では大学へ行きたかったらしい。けれど、兄貴はそれを諦めて「オレが働く」と言ってくれた。

それでようやく母は折れてくれたんだね。こうして私は高校に通うことになった。

だから兄貴がいなかったら、プロ野球選手になれなかったんだよ。

兄貴にはどれだけ感謝してもし足りないほどだよね。

大学進学を諦めた兄に応えるためにも、絶対にプロ野球選手にならないといけないって一層決意を固めることとなったんだよね。

進学したのは、峰山高校の工業化学科。これも兄貴の勧めだよ。

兄も峰山高校の出身だったから、工業化学科の野球部員が社会人野球のカネボウ（鐘淵紡績）の野球部に何人か入っていたことを知っていた。そういうルートがあるから工業化学科がいいんじゃないかって。

結果的に小学校、中学校、高校とすべてが兄の出身校と同じだったから、まぁ比べられることは多かった。母親にも、学校の先生にも、「兄貴は優秀なのに」って。

私には父親はいないけど、兄が父親の代わりになってくれていた。

プロ野球選手になってから、兄貴に聞いたことがある。

「兄貴は本当にオレがプロ野球選手になる素質があると思っていたのか？」って。

すると、兄貴は「才能はあるとは思っていたけど、本当にプロ野球選手になるとは思ってなかった」って言ってた。

そりゃ、そうだよね。よくそれで、自分の道を諦めてくれたよ。

高校進学後も、野球を続けた。

決して強豪校ではなかったので甲子園出場なんて夢のまた夢だった。

それでも、当時の私は「プロ野球選手になって、絶対に貧乏から抜け出すんだ」という揺るぎない信念を抱いていたんだね。

「蜘蛛の糸」をつかんで合格した南海ホークス

結局、甲子園に行くことはできず、プロ野球チームから注目されるような選手にはなれなかった。世間から見れば甲子園とは無縁の高校の単なる無名選手でしかなかったけれど、「もう貧乏はこりごりだ」という思いはますます強くなる。

当時私は、「少しでも家計の足しになれば」という理由で新聞配達をしていた。

ある日、たまたま南海ホークス（現・福岡ソフトバンクホークス）の入団テストの告知記事を見つけた。それ以前から、各チームのメンバー表を手に入れ、自分の実力とレギュラーキャッチャーの能力や年齢を比較し、「試合に出るチャンスがあるとすれば、広島カープ（現・広島東洋カープ）か南海ホークスだな」と狙いをつけていた。

まさに、渡りに船だった。

野球部の先生にそのことを伝えたら、「お前ならひょっとすると受かるかもしれない」と言ってくれた。そして、「大阪まで行く汽車賃がないんです……」って嘆いたら、「そんなものオレが出してやるよ」と気前よくお金まで出してくれた。

ありがたい話だよ、本当に。

受かる自信があったわけではまったくないけれど、300人以上が受験した中で、私は運よく合格した。確か、ピッチャー1名、外野手2名、キャッチャーは4名だった。

合格できたのは私の実力があったからではなかった。テスト当日、一本の「蜘蛛の糸」が私の目の前に垂れ下がり、それを見事につかんだからだった。

私は遠投テストに自信がなかった。やはり、一投目は失敗し、合格ラインに届かなかった。ところが、第二投の直前、先輩が「もっと前に行け」とささやいたのだ。言われた通りに私は白線の5メートルほど前から投げてみた。

それでようやく合格ラインを越えることになったのだ。

後で知ったのだが、そのとき私に「蜘蛛の糸」を垂らしてくれたのは1年先輩の内野手・河知治さんだった。彼もまたテスト生出身の選手だったのだ。

人間の縁、運はどこに転がっているのかわからない。たまたま、それに気づくことができれば幸せをつかむことができるのだろう。

こうして、私は念願のプロ野球選手となったのだった。

南海のテストに合格した私は、食堂に呼ばれて仮契約を交わした。球団マネージャーから「好きなものを食べてもいいぞ」と言われ、空腹だった私はカレーライスを3皿も平らげた。あのときのカレーの美味しさは格別だった。

余談になるが、その後南海の主力選手となって、久しぶりにあのカレーを食べたくなって注文してみたことがある。しかし、初めて食べたときのような感激はなかった。

年月が経過して、口も身体も肥えてしまったのだ。

人は豊かになるほど失うものも少なくない――。

そんなことを感じたことを覚えている。

泣き落とし作戦でクビを免れた1年目

入団時にキャッチャーを4名も入団させた理由はすぐにわかった。

一応、名目上は「選手」としての契約ではあったけれど、与えられた役割は、プロ野球の世界で「カベ」と呼ばれるブルペンキャッチャーだった。

こうして、私の二軍暮らしが始まった。

1年目は、自分が無知な田舎者であることを痛感するばかりだった。私は正しいボールの握り方さえ、知らなかったのだ。

本来なら人差し指と中指をボールの縫い目に垂直にかけないといけないのに、その二本の指を縫い目に沿わせるようにして握っていた。今でいうツーシームの握り方だね。

ストレートと同じ軌道から不規則に変化する球種の握り方をしていたのだ。先輩とキャッチボールをしているときに、それが発覚した。「お前は一体、どこで野球を教わったんだ」と、あんなに呆れられたことはなかったな。

それでも、1年目のシーズンには11回打席が回ってきた。

結果はノーヒット。せっかくのチャンスをものにすることはできなかった。「ついにオレもプロ野球選手になったんだ」なんて実感はまったくなかったまま時間だけが過ぎていった感じだったな。

そして1年目のオフ、球団事務所に呼ばれた。

てっきり、翌年に向けての契約更改だと思っていたら、あっさりと「お前はクビだ」と告げられた。心の準備もないままだったので、本当に驚いたよ。確か課長だったと思うけど、球団フロントの担当者は「お前はプロでは無理だ」と譲らない。

「絶対にイヤです。僕はまだ、プロでは何もしていません。一度でいいから、キャッチャーとして試合に出させてください。給料はいりません。何としてでもチャンスをください」

必死に訴えながら、涙が自然にこぼれ落ちていた。

「生きていてもしょうがないので、帰りに南海電鉄の電車に飛び込んで死にます。お先に失礼します……」

課長が取り合ってくれないと察し、私はそう言い放った。野球がなければ私はゼロだ。何もない。死んだって構わない。そんな思いだったのだ。

それを聞くと課長は、「冗談でもそんなことを口にするんじゃない。ちょっと待ってろ」と部屋を出て行き、そして「もう1年面倒を見てやる」と言ってくれた。

もしもこのとき、「わかりました。お世話になりました」とすごすごと引き下がっていたら、今の私はない。何とか首の皮一枚がつながったんだね。

このとき、私は決意した。

思い切ってやって、首を切られてやろう——。

人間、追い詰められたら何でもできるはずだ。一度しかない人生。せっかく生まれてきたのだから、絶対に悔いのないように生きてやろう。好きなことを精一杯やって一生を終えよう。そんな覚悟と決意が芽生えた。

一度は死んだ身なのだ。せっかく、憧れのプロ野球選手になったのだ。やれるだけのことをやらずにクビになったのでは死んでも死にきれないだろう。クビを告げられたときに、私は涙を流していた。そして、何とか翻意してもらいたいという思いで、気がつけば「電車に飛び込む」なんて口から出ていた。なりふり構わぬ思いだった。人目なんて気にしている場合ではなかった。

やっぱり、弱い男だよね。

ライバルの失敗を願う心の弱さ

その後、プロ野球選手としてどうにか結果を残すことができた。南海ホークスから、ロッテオリオンズ（現・千葉ロッテマリーンズ）を経て、西武ライオンズ（現・埼玉西武ライオンズ）まで、実働26年間も現役生活を送ることができた。実力の世界とは言え、プロ野球の世界も実は学歴社会だ。それにもかかわらずテスト生上がりの高卒の私が１９７０（昭和45）年には選手兼任監督にもなった。

入団時には想像もしなかった華々しい結果を残したにもかかわらず、私は相変わらず弱い人間のままだった。

私が引退を決意したのも、自分の弱さに直面したからだ。

あれは80年9月28日の阪急ブレーブス（現・オリックス・バファローズ）戦のことだった。この頃の私は、すでに45歳を迎えていた。自分では「まだまだ衰えてはいない」という気概を持っていたけれど、試合出場は激減していた。

この日はダブルヘッダーだった。シーズン終盤ということもあったのか、第一試合で私は久しぶりのスタメン起用に燃えていた。しかし、バットは火を噴かずに凡打が続いていた。僅差で迎えた終盤、当時の根本陸夫監督は結果の出ていない私に代わって、ほとんど実績のない鈴木葉留彦を代打に送ったのだ。

27年間のプロ生活で初めての屈辱だった。

当時の私は、監督にとってはその程度の存在だったのだ。私は「犠牲フライくらいなら簡単だ」と思って、打席に向かおうとしていた。しかし、監督にとってはその程度の信頼さえも、すでになかったのだろう。

この瞬間、私は否応なく、自己評価と世間の評価のギャップを痛感させられた。

そして、決定的な事態が起こった。あろうことか、ベンチの中で私はチームメイトの失敗を祈っていたのである。

結果的に代打の鈴木は併殺打で、チャンスは潰《つい》えチームは敗れた。彼が凡打を打った瞬間、私は無意識のうちに「ざまあみろ」と思ってしまったのだった。

長年、プロスポーツの世界にいて、こんなことは初めてだった。

団体競技とは、選手全員が同じ方向を向いてプレーすることである。

みんなが一つにまとまらなくては、絶対に優勝はできない。それなのに、私はチームの和を乱す存在になっていたのである。不満分子がいたら、チームは強くならない。そんなことは頭では理解していた。しかし、まさか自分がその不満分子というチームの和を乱す存在になるなんて想像もしていなかった。

こうなれば、もうプロ失格だ。

このとき、つくづく思ったよ。

――オレは弱い人間だ、って。

他人の失敗を願う心の弱さ、人としての弱さ。

そんな現実を目の当たりにすれば、もうユニフォームを脱ぐしかないだろう。いや、そんな選手がユニフォームを着ていてはいけない。チームメイトに迷惑がかかるだけでなく、「野球」というスポーツを侮辱することにもなる。

こうして、私は引退を決意する。

テスト生出身としてはよく頑張ったと、自分でも思う。

入団時にはここまで長く野球ができるとは思わなかったし、２９０１安打、６５７本塁打、１９８８打点という結果を残せるなんて、まったく予想もしていなかった。

けれども、現役生活の最晩年においてチームメイトの失敗を願ってしまう自分の心の弱さを突きつけられたことは、生涯にわたって苦い思い出となった。

「日本一監督」になってからも弱さは変わらなかった

現役引退後、評論家活動を始めた。

長年、キャッチャーとして培ってきた自分だけの視点を大切にして、視聴者にわかりやすい解説を自分なりに模索し続けた。

ストライクゾーンを九分割にして、テレビ画面上で配球を解説する「野村スコープ」はおかげさまで好評を博した。

人前でしゃべることは苦手だったけれど、少しずつ評論活動の面白さを感じつつ、それでも私の中には「もう一度、ユニフォームを着たい」という思いが消えなかった。

そんな思いが通じたのか、「ヤクルトの監督に」とオファーが舞い込んだ。パ・リーグ育ちの私にとって、セ・リーグのヤクルトはまったく無縁の存在だった。

「なぜ、私に?」と問うと、

「テレビの解説を聞いて、〝この方ならチームを任せられる〟と思ったからです」

真面目に努力していれば、必ず誰かが見ていてくれるものなのだ。

こうして、1990(平成2)年、私はヤクルトの監督となった。

「1年目で種をまき、2年目で水をやり、3年目で花を咲かす」

監督就任時に、そう宣言した。

結果的に3年目の92年にチームがリーグ優勝を果たすことができたときは本当に嬉しかった。日本シリーズでは、ライバルの森祇晶《まさあき》監督率いる西武ライオンズに敗れてしまったが、翌93年にはついに悲願の日本一を奪取した。

あれは本当に幸せな瞬間だった。

西武ライオンズ球場(現・メットライフドーム)で胴上げされた瞬間。私のユニフォームが乱れ、ピンク色のパンツが顔をのぞかせたことを覚えている人もいるかもしれない。テレビや新聞で何度か取り上げられたのだが、あれもまた私の「弱さ」の一端かもしれない。

現役時代から私はゲン担ぎにこだわってきた。監督になってからはその傾向がさらに強くなった。この年のラッキーカラーがイエローとピンクだった。沙知代が懇意にしていた占い師からそれを聞き、私はこの日本シリーズでイエローとピンクのパンツばかり穿いていた。

勝ったときには穿き替えることなく、何日も同じパンツを穿き続けた。清潔とか、不潔とか、そんなことは問題じゃない。勝つためならば、どんなものにもすがりたい。そんな心境だったのだ。イワシの頭も何とやら、そんな思いだった。

いつだったか、チームが12連勝したときも、パンツは一切、穿き替えなかった。移動日も含めれば15日間も、同じパンツを穿き続けた。

穿いている私も気持ち悪かったが、周囲の人たちも内心では異臭にとまどっていたに違いない。沙知代も最初は嫌がっていたけど、次第に何も言わなくなっていった。あきれ果ててしまったのか、それとも慣れてしまったのかはわからない。

他にもいろいろなゲン担ぎをした。

試合前には絶対に名刺を受け取らない。

試合中には絶対に用便をしない。「ウンが逃げるから」、そんな考えからだった。負けた翌日は、必ず前日とは違うルートで球場入りをした。例を挙げればキリがないほど、私はさまざまなゲン担ぎをしたし、それを選手たちに強要することもあった。はたから見れば滑稽に映るかもしれない。

けれども、私はいつも真剣だった。

「やるべきことはすべてやったのだ」

そんな風にドンと構えることなど、私にはできなかった。

次から次へと不安要素や心配事が頭に浮かんできて、「頼れるものならば藁にでもすがりたい」という、そんな心境だった。

いくら相手と比べて、チーム力では優位に立っていたとしても、チームの調子が絶好調でも、勝負事はやってみなければわからない。私たちの仕事は自信と不安が常に背中合わせなのだ。

だから、その不安を少しでも和らげたい、取り除きたい。そんな思いからついつい縁起担ぎ、ゲン担ぎをしてしまうのだ。

それに対して、沙知代は常に前向きで、楽天的で「どうにかなるわよ」「なるようにしかならないんだから」と考える性格だった。

しかし、次第に私の影響を受けて彼女もまたゲン担ぎをするようになるのだが、本質的にはサッチーは楽天的、楽観主義者だった。

こんなところにも、私は沙知代の「強さ」と私の「弱さ」を感じるのだ。

沙知代亡き後、前向きな思いが失われてしまった

いささか駆け足となってしまったが、このように私は幼い頃から、現在に至るまで「弱さ」とともに歩む人生を過ごしてきた。

弱い人間だったから、ここまで順調な人生を歩むことができたのだろうか？

性格的には決して慎重派ではなく、むしろ私はアバウトな人間だ。けれども、常に私の中には弱さがあったために、曲がりなりにも80歳を過ぎるまでどうにかこうにかそれなりに幸せな人生を過ごすことができたのではないだろうか？

最初に述べたように、沙知代がいなくなってからの日々は、私にとっては無味乾燥な生活に一変した。

正直に言えば、この先の人生に対して、私自身は何も希望など持っていない。

そう遠くない将来、私も沙知代の下に逝くことだろう。

もう十分、生きた。

そんな思いもある。けれども、まだ少しの時間が私には与えられているようだ。

改めて、「弱さ」をキーワードに、これまでの半生を振り返ってみたい。

女手一つで私たち兄弟を育ててくれた「母の強さ」を、そして常に私を叱咤激励し、「あなたを幸せにできるのは私だけなのよ」と豪語していた「妻の強さ」を振り返ってみたい。

その一方で、父親らしいことは何ひとつできずに、息子・克則の成長に対して、ただただ右往左往していた私自身の「父としての弱さ」を、そして妻に先立たれて年老いた今、「老人の弱さ」を率直に語ってみたい。


沙知代が元気なうちは、老いの可能性を信じ、「老いて学べば、則ち死して朽ちず」の思いを抱いていた。これは江戸時代後期の儒学者、佐藤一斎の『三学戒』の一節だ。全文は次のようなものだ。

少くして学べば、則ち壮にして為すことあり。

壮にして学べば、則ち老いて衰えず。

老いて学べば、則ち死して朽ちず。


老いたからこそできること、人生の集大成をどのように充実させることができるのか？

そんなことを考えていた時期もあった。

しかし、沙知代がいなくなった今、そんな前向きな思いも少しずつ失われてしまっている。そんな現在の心境を率直に綴っていきたい。

私の中に昔からある「弱さ」と、今度こそ正直に向き合ってみようと思うのだ――。

第二章

母は強い

3歳のときに父が亡くなり、母は戦争未亡人に

男は弱し、されど女は強し――。

私は昔から、そう思っている。「女性の方が強い」と感じるのは、やっぱり母親を見てきた影響が強いんじゃないかな。

男が人生でいちばん長く接する女性というのは妻と母親だ。

私もまた「母は強し」だと思っている。どうして「父は強し」じゃないのかというと、私は父親をまったく知らないからだ。

私は典型的な母子家庭で育ったんだよ。

だから、亭主関白というのがまったくわからない。最近では少なくなったらしいが、「強い父」というのを実際に見たことがないからだ。あまり実感がないよね。

私が3歳のとき、父・野村要市は中国戦線で戦死した。

昭和13年のことだというから、西暦で言えば1938年、国家総動員法が公布された年だ。戦局はさらに悪化し、これから日本はどんどん貧しくなっていく頃のことだった。

もちろん、私には当時の記憶はない。3歳上の兄は6歳だったから、かろうじて父の記憶があるようだが、私は「父親」というものを知らずに育ったと言っていいだろう。

日本海に面した丹後半島の西部、京都府竹野郡網野町（現在の京丹後市）で生まれ育った。昔から、地元の人々は「弁当忘れても、傘忘れるな」と言うように、1年を通じて雨が多く、すぐに天気が変わるような環境だった。

戦争に行く前には、父は小さな食料品店を営んでいたという。父の名前を取って「野要商店」と言ったそうだ。父が切り盛りをし、看護師の資格を持っていた母が店を手伝い、幸せな生活だったようだ。

しかし、父が召集されたことで、母一人で店のすべてを取り仕切ることになった。どんどん物資が欠乏し困窮していく中で、商品をそろえるのは苦労が多かったことだろう。そして、幼い二人の子育てをしながら、女手一つで慣れない客商売をするのは、さぞかし大変だったことだろう。

考えただけでも、当時の母の苦労に胸が痛くなる思いだ。

典型的な母子家庭だったから、「親父がいなくても、真っ直ぐ育ってほしい」というのが母の願いだったのだろう。「勉強せい」と母はよく口にしていたよ。

私は勉強が好きじゃなかったから、母の言いつけをあまり守らなかったけど、反対に兄貴は頭もよく、とても真面目で、いつも勉強ばかりしていて、「たまには外で遊びなさい」と周囲から心配されるようなタイプだった。

子ども心に、母に対して「口うるさいな」と思うことは何度もあったよ。

でも、世間の人たちから、「父親のいない子どもはダメだな」と言われたくなかったんだろう。「勉強せい！　勉強せい！」って口やかましかった母の気持ちはよくわかる。

苦労がたたって二度もがんになった母

私の幼少期の記憶の中の母は、いつも病弱で、何度も入院していたイメージがある。

慣れない仕事の苦労がたたったのか、私が小学2年のときには子宮がんを、小学3年のときには直腸がんを患ってしまい、かつて自分が働いていた京都府立病院に入院することになった。入院が決まったとき、母は泣いていたよ。

「私が死んだら二人の子はどうするんだ」、って。

当然、母が入院している間は店を開くことはできない。私たち兄弟は知り合いの家に預けられ、そこから学校に通うことになった。

あの頃はみんな貧乏だったから、常に空腹であることも、満足な服が与えられていなくても、別に気にすることも、嘆くこともなかった。それが当たり前だったからだ。

でも、近くに母がいなかったことは、とても寂しかった。寂しくて、寂しくて仕方なかった。いつも兄が一緒にいたとはいえ、母にわがままを言って甘えたいこともあった。

だけど、知り合いの家では駄々をこねることなどできず、私は常に何かを我慢していたように思う。幼心に、それは大きなストレスだった。

ずっと寂しかった。いつも心細かった。

自己弁護をするわけじゃないけど、いくら私が弱い人間だといっても、小学校低学年だったのだから、それは仕方のないことだと思う。

だから、母が退院する日は、何日も前から「その日」を指折り数えたものだった。待ち遠しくて、待ち遠しくて仕方なかった。「母ちゃんが帰ってきたら、あんな話をしよう、こんな話をしよう」と心躍ったものだった。

退院当日になると、到着の2時間以上も前から駅で待ち続けた。1日にわずか4本程度しか汽車が通らない田舎の駅だったな。そばを流れる川で遊びながら、母が乗った汽車が到着するのを首を長くして待っていた。

遠くから汽笛の音が聞こえると、慌てて駅に戻って、汽車の扉が開くのを必死に見つめた。痩せ細った母が親戚に抱きかかえられながら現れたときには、一カ月ぶりに母に会えた嬉しさと、まるで幽霊のように青白く痩せ細ってしまった寂しさが入り混じった不思議な感覚になったものだった。

駅から自宅までは用意していたリアカーに母を乗せて運んだ。近所のおじさんと一緒に私も引いたものだが嬉しさよりも、悲しさの方が勝っていたような気がする。

なぜだか、次から次へと涙が出てくるんだ。久しぶりに母に会えて嬉しいはずなのに、どうして涙が出てくるんだろう？　決して歓喜の涙だけではなかった。

自分でも理由がわからないのに涙が止まらなかった。

それにしても、当時の医療でよく生きながらえることができたよね。最初の頃は「死ななくてよかった」と思っていたけど、そんなの不幸中の幸いとしか思えないよ。退院はしたけど、母はなおさら衰弱して、家もどんどん貧乏になっていったんだから。

家計は本当に苦しかっただろうね。

次から次へと、家賃の安いところへ、安いところへ引っ越しを繰り返した。住んでいる場所はどんどんおんぼろ小屋になっていって、最後には貸家の二階を間借りして住むようになった。

あのとき母に死なれていたら、今頃どうなっていたかな？　間違いなく野球選手にはなれなかっただろうね。

私の人生は、「そんな母親にラクをさせてやりたい」という思いから始まったんだ。

父は亡くなり、母は病弱で、とにかく貧しかった――。

私の少年時代の記憶はそれだけだ。

ヤミ米を背負って帰った「あの日」のこと

やがて戦火の激化とともに、本格的な窮乏生活が始まった。

母の着物や家財道具が日に日に少なくなっていった。子どもたちには見せなかったけれど、金の工面には相当苦労していたのだろう。

私たち兄弟は、母が頭を悩ませていたことは理解していたけれど、具体的にどうやって金をやり繰りしていたのかはよくわかっていなかった。

それでも、「家計の足しになれば」という思いで、兄と一緒に近所の砂浜にサツマイモを植えたこともあったな。砂地で作ったサツマイモだから、収穫時でも親指程度の小さくて、筋の多いささやかなものだった。

母に頼まれて、しばしば祖父の家に行くこともあった。

農家を営んでいたおじいちゃんの家に行けば米が手に入ったからだ。

もちろん、日本全国が食糧難に苦しんでいた時代だ。農家と言えども、潤沢に米が余っているわけではない。自分の家が食べるのに精一杯だ。何度も通ううちに、「また来たのか」と露骨にイヤな顔をされることも多かった。

あるときには「もうお米はないから」と言われ、芋やカボチャをかついで帰ったこともある。それでも、私たち兄弟はおよそ四里ほどの距離を何度も往復した。

電車もバスもないから、片道何時間もかけて坂谷というところまで兄と二人で通ったものだった。当然、帰りは真っ暗になる。

何キロもある重い米袋を背負って、とぼとぼ、とぼとぼ歩いたものだった。

家の近くまで来て、ようやくホッとした頃、隠れていた警官に呼び止められたこともあった。ヤミ米は禁止されていたからだ。

それでも、幼い兄弟に免じてくれたのか、一度も捕まったり、没収されたことはなかった。むしろ、「坊やたち偉いな」と褒められた記憶があるな。

あの頃はみんなが貧しかった。みんなが助け合わなければ生きていけなかった。

今の人に言っても信じてもらえないほど、すべてが貧乏だったからね。


やがて、私たちの町に住江織物の工場ができ、母はそこから糸繰りの仕事をもらって働くようになった。もちろん、それだけでは足りないから、私も兄も働いた。

小学生の頃には新聞配達の仕事を始めた。

冬、雪が降り積もった寒い朝。空はまだ真っ暗だった。新雪を踏み分けて、何軒も何軒も新聞を配ったものだった。当時の新聞休刊日は年に一度、1月2日だけだったから、1年364日は新聞を配っていた。

この日だけは、幼心に「今日は新聞を配らなくていいんだ。今日だけはゆっくり寝ていてもいいんだ」と嬉しかったことを、今でもよく覚えている。

仕事は真面目に取り組んだ。我ながら働き者だったと思うよ。

夏休みには一本5円のアイスキャンディー売りもした。

一本につき1円の収入だったが、売れなければアイスは無残にも溶けてしまい、その分、売り上げから引かれてしまうのだ。

そこで、子どもなりに「どうしたら効率よく売れるか?」「どのようにすれば損をしないで済むのか?」ということを必死で考えた。

さっき話に出た、母が仕事をもらっていた近所の工場に行けば一気に売り切ることができるだろう。私は、そう考えたんだね。どうせならお昼休みが狙い目だ。

私の目論見は見事にハマった。

多くの女工さんたちが「小さいのに大変ね」「貧しくても頑張るのよ」と、次々とアイスを買ってくれた。やっぱり嬉しかったよ。

小さいながらに「自分は多くの人に支えられているんだ」と思ったし、頭を使って工夫すれば結果が出ることも実感できた。女工さんたちの言うように「貧しくても頑張ろう」って思えたからね。


だけど、こんな苦労はしなくてもいい苦労だよ。

いくら時代が貧しかったとはいえ、両親がそろっている裕福な家の子どもなら、こんなことは決してしてしなかった。

網野町は丹後ちりめんの名産地だったから、同級生にはちりめん屋の子どもが多くてね、彼らは裕福だった。金持ちの彼らが、とてつもなくうらやましかった。

本来しなくていいことをしなくちゃならないというのは、本当に辛いことだと、心から痛感したのもこの時期だった。

だから、後にプロ野球の世界に入って、成績が出なくて悩んだり、大変な経験もしたけれど、子どものときの辛さを考えればそれは決して苦労ではないと思っていた。

好きな野球に思いっきり取り組めて、結果を出すために努力するのは当然のことだと思ったから。それを「苦労」だなんて言ったら、罰が当たるよね。

子どもの頃はイヤでイヤで仕方がなかったけれど、後々のことを考えれば、決して無駄な苦労ではなかったのかもしれないね。

若いうちの苦労は買ってでもしろ――。

やっぱり、昔の人はいいことを言うもんだね。

ツツジの花蜜をおやつ代わりにしていた

それにしても、いつも腹を空かせていたなぁ。

満足に食事をした経験など、この頃はほとんどなかった。友だちの家はもう少しまともな食事だったから、私の家だけ飛び抜けて貧乏だったんだろうね。

南海ホークスの入団テストに合格して、カレーライスを一気に3杯も平らげた話をしたけど、それぐらい食べ物に飢えていた。

兄と育てた貧弱なサツマイモ。ヤミ米で手にした銀シャリ。目玉焼きもごちそうだった。目玉焼きを食べるときも、美味しい黄身の部分は最後に取っておいて、まずは白身から食べる。そんな習慣を身につけたのも子ども時代のことだった。これは大人になっても変わらぬ習慣となった。食料が乏しい時代に幼少期を過ごしたんだから仕方ないよ。

余談になるけど、阪神タイガースの監督時代に、私と同じように黄身を最後に食べていたのが、何度も盗塁王に輝いた赤星憲広だった。

彼は練習態度も真面目で、真摯に野球に取り組んでいた。彼もまた幼少期を私と同じように過ごしたのだろうか？　……いや、時代が違うか。たまたまかな？

ただ、飽食の時代にあっても、謙虚な心がけの選手は間違いなく伸びる。

これは私の長い監督生活における一つの実感であり、真理だと思う。

少年時代の忘れられない思い出として、花をおやつ代わりにしていたことがある。あれはヤクルトの監督時代のことだった。毎年5月になると、神宮球場のクラブハウスから室内練習場に向かう途中の道のりには鮮やかなツツジの花が咲く。私を取り囲む新聞記者たちは「キレイですね」とか、「今年もツツジの季節になりましたね」と話しかけてくるものの、私はまったく別のことを考えていた。

貧しかった私たち兄弟はツツジの花が咲くと、二人して花を摘み、それを口に含んだ。甘い蜜がとても美味しいのだ。

「ツツジの花は美味しいんだよな」

記者たちに当時の思い出を話してみても、どうやらピンと来ていないようだった。それも仕方のないことだよな。ふざけて口に含んでみた人も中にはいるのかもしれないけど、ツツジの花をおやつ代わりにすることなんて、普通はしないだろうから。

これも貧困のなせるわざだ。要はそれぐらい腹を空かせていたということだ。

泣きながら、母ちゃんに殴られた

中学時代、私は一度だけ非行の道に走りそうになったことがある。

網野中学野球部時代、私は他人よりも野球の才能があることに気がついていた。地区大会の青年野球大会にも補強選手として選ばれたこともあった。

練習すればするほどうまくなっていく実感もあって、「高校でも野球を続けたい」という思いが強くなっていた頃のことだった。

これまで述べてきたように、母は私が野球をすることに一貫して反対していた。もちろん、高校で野球を続けることなど到底許してもらえないだろうことは想像していた。

しかし、実際には「野球を続けられるかどうか」どころではなく、母には「母子家庭で家計が苦しいから高校にはやれない。ちりめん屋へ奉公に行け」と言われた。

これはまったくの予想外の展開だった。

中学時代の仲間たちがみんな高校に進学して野球を続けるというのに、私は野球を続けられないどころか、高校に行くことさえ許されないというのだ。

まるで、自分だけが周囲から、世間から取り残されたような感覚だった。

「どうせ中学で終わるのだから、勉強したって仕方ない」

完全に自暴自棄になっていた。こうして、母に対する反抗が始まったのだ。気持ちがすさみ、2歳年上の先輩がいる不良グループに出入りするようになったのだ。

この頃、意味のないケンカを繰り返した。「オレでも勝てそうだな」と思う相手には、片っ端から因縁をつけてケンカを吹っかけた。映画館では、ただ肩が触れたという理由だけで、相手を館内の隅に連れていき殴りつけたこともあった。

きっかけなど、何でもよかったのだ。ケンカの後は決まってむなしくなった。けれども、自分の内なるフラストレーションを解消する手立てはそれしかなかったのだ。

次第に「克っちゃんは大人しそうだけど、怒ったら怖いぞ」というウワサが流れ、ますます優越感に浸ったものだった。

結局、兄の説得で高校に行けることになった。それで、私は立ち直ることができたが、もしも中学を出てすぐに奉公に出るようなことになっていたとしたら、私の人生はまったく違ったものとなっていたことだろう。考えただけでゾッとする。

夢と希望をなくした若者はヤケを起こしやすい。だからこそ、周囲の大人たちがきちんと目配りをすることが大切なのだと、改めて思う。

私が非行に走りかけていた頃、母から殴られたことがあった。

当時の私の日課は、野球部の練習を終えてから映画館で新作を見るというものだった。

前章でも述べたように映画館の支配人が近所のおじさんだったので、私はいつもタダで映画を見ることを許されていた。

銀幕の世界に身を委ねている間は、家が貧乏であることも忘れることができた。

練習後に映画を見てから帰宅するので、家に着くのは毎晩9時過ぎだった。

「どこに行っていたの？」

「映画を見ていた」

「そんな金、どこにあるんや？」

「タダで見せてくれたんや」

「ホントか、ウソやないやろな？」

いつも、そんなやり取りを繰り返したものだった。ところが、新作が公開されるたびに帰宅が遅くなるものだから、母は私の言葉を疑うようになったのだ。

「世間さまから後ろ指を指されるようなことだけはしてくれるな……。あれだけ言ってきたのに、そんなウソをつくなんて……」

「ウソなんてついていないよ」

「親に対して歯向かうなんて、一体、この子ったら」

母は手にしていた箒を振り上げ、私を叩き始めた。涙をこぼしながら、何度も何度も私を打ちつけた。「愛のムチ」や「体罰」が容認されない時代になっていることは承知している。しかし、当時の私は母の愛情を深く感じた。

男は言い訳するもんじゃない——。

これも、母の口癖だった。あの日、泣きながら私のことを叩き続けた母の心の中。今の私にはとてもよく理解できるのだ。

明治生まれの女は強い

南海ホークスに入団した私は大阪の寮で生活を始めた。その頃、兄は京都市内で就職をしていた。病弱な母を独りきりにしておくのはとても心配だったので、帰省するたびに「近くに引っ越しておいで」と言っていたけれど、母は「気持ちはありがたいけど、ここから動きたくない」と言って、首を縦に振ろうとはしなかった。

その理由は父の両親の面倒があったからだった。

とっくの昔に父は戦死したにもかかわらず、母は「長男の嫁」という理由だけで、90代になっていた私の祖父母の面倒を見ていたのだ。

現代だったら、夫の死後もその両親の面倒を見続けるなんてことがあるのだろうか？　時代が違ったとはいえ、あの頃の「嫁」は本当に大変だったことと思う。明治生まれの女性の気骨のようなものが、母にも確かにあった。

明治生まれの女は強い――。

母の姿を見ていて、私は実感したものだった。

そんな母があるとき、「独り暮らし用の家が欲しい」と言い出した。

めったに頼み事などしない母だったので、その申し出にはとても驚いた。「何でもかなえてやろう」という思いだったので詳しく話を聞いてみると、「網野町にいい物件を見つけたから住みたい」のだという。

ただ、そうなればもはや絶対に網野町から離れることはなくなるだろう。

私たち兄弟としては、大阪なり、京都市内なり、自分たちの目の届く範囲で母に暮らしてほしいと願っていたから、当初は母の申し出に乗り気ではなかった。

しかし、このときは珍しく母が自分の意志を強く主張した。

結局、私たちは母の熱意に負けて網野町に小さな家を買うことにした。

心配の種は尽きなかったけれど、母の嬉しそうな顔が見られたのはよかった。

私が野球部に入部するとき、高校を卒業してプロテストを受けるとき、さらにテストに合格して正式契約を交わすとき、いずれも母は「野球なんてやめなさい」と反対した。

「田舎者が、そんな華やかな世界に行っても恥をかくだけだよ……」

それが、母の言い分だった。

プロの世界で、ある程度の成績を残してからも、「野球なんて、いつまでも続けるものじゃない」という考えは変わらなかった。帰省するたびに言われたもんだ。

「お母ちゃんがあれだけ反対した野球で身を立てるなんて、わからんもんだね」って。

後に「野村、監督就任か？」という報道がなされたときも、「お前に務まるはずがないんだから、丁重にお断りするんだよ」ってくどくど言われもした。

それでも、少しずつ私の応援をしてくれるようになった。

私が初めて三冠王を獲ったとき、ホテルで祝賀パーティーが開かれた。その会場で、母はしみじみと言った。

「お母ちゃんがあれだけ反対した野球で、まさか克也が身を立てることができるなんて……。人生ってわからんもんやなぁ……」

言われて悪い気はしなかった。

嬉し涙を流していた母の姿を私は一生忘れないだろう。

母ちゃんとの永遠の別れ……

独り暮らしを始めて2年ぐらいが経った頃、母の体調が悪くなった。突然、「足が痛い」と訴え始めたのだ。原因はわからず、これといった治療法も見つからなかった。

私はさまざまな伝手をたどって名医を、そして治療法を探した。

ある日、新聞のコラムで麻酔を使った治療法があることを知り、すぐに試してみたものの、はかばかしい成果を上げることはなかった。

それからしばらくして、兄から「母の様子がおかしい」と連絡があり、私はすぐに駆けつけた。しかし、それから数日後、静かに母は逝った。64歳だった。

昭和43年のことだった。私は8年連続でホームラン王を獲得。選手としての絶頂期にあった。野球界では怖いものはなく、「オレは何でもできるぞ」と万能感に浸っていた。

しかし、母の病気について、私は何ひとつしてあげることができなかった。

何もしてやることができない自分の無力さを恨んだ。

母の死に顔を見ていると、次から次へと後悔の思いが湧き上がってくる。

――私はきちんと親孝行ができたのだろうか？

――母ちゃんにとって、私はいい息子だったのだろうか？

――私は母から何を教わったのだろう？

はたから見ていて、何もいいことのなかったような人生だった。改めて思う。

――母ちゃんの人生は幸せなものだったのだろうか？

母がいつも私たち兄弟に話してくれたことがある。

それは、「男は黙って仕事をしなさい」という言葉だった。この言葉は常に私の意識の中にあった。まるで私の背骨のように、一本ピーンと通っているような感じなのだ。

私には特別な才能があったわけではない。人一倍努力に励むことができたのは母の言葉のおかげだった。そして、「黙って仕事をする」ことで、私には深く考える習慣が身につくことになった。目的意識も明確になった。

勝利のために深く考え続けた結果、それが後の「ＩＤ（データ重視）野球」につながったのだと思う。そう考えれば、「ＩＤ野球」の生みの親は母なのかもしれない。

背番号《19》を受け継いだ甲斐拓也もまた母子家庭だった

孝行のしたい時分に親はなし——。

若いうちから親孝行しておかないと、後になって悔いても遅いのだ。

感謝の気持ちを伝えること、日々の生活を気遣うことなら、カネがなくても、時間がなくても、誰にでもすぐにできるはずだ。

うまくいかないことがあれば、親のことを思い出せばいい。自分を愛し、育ててくれた親のことを思い出せば、もう少し頑張れるのではないか？

「甲斐キャノン」で話題になった福岡ソフトバンクホークスの甲斐拓也は母子家庭で育ったという。雑誌の企画で対談をしたけれど、なかなか見所の多い若者だと感じた。

私と彼には多くの共通点がある。

同じキャッチャーであるということ。母子家庭育ちであること。私がテスト生出身だったように、彼も育成選手から支配下登録選手に勝ち上がったということ……。

何かと共通点が多いこともあって、彼のことが気になるのだ。

初めて会ったときに、彼に「私と同じ背番号《19》を背負ってほしい」と言った。親会社は変わってしまったけれど、彼は私にとってホークスの後輩なのだ。

ホークスで背番号《19》のキャッチャーは、私以来誰もいないのだという。

ならば、彼にこそ《19》の後継者になってもらいたいと思ったのだ。アマチュア時代から、彼はいつも私の本を読んで野球を学んでいたという。

そんな彼が2020(令和2)年シーズンから、ついに背番号《19》を背負うという知らせが届いた。彼は私よりもずっと肩がいい。この飽食の時代にあって、常に「母親をラクにしてあげたい」という気持ちとハングリー精神を持っている点がいい。

これから、どんどんいいキャッチャーになっていくことだろう。

末永く、彼の活躍を見守りたいと思う。

母ちゃんこそ、月見草だった

少しでも美味しいものを食べるために——。

そんな思いを胸に、子どもの頃からアルバイトをしていたけれど、生活は一向にラクにならなかった。

アルバイトの帰りだったか、畑仕事の帰りだったか忘れてしまったけれど、辺りがすっかり暗くなった帰り道のことだった。

お日さまも沈み、闇夜が訪れている中で、ひっそりと咲いている小さな花を見つけた。子ども心にも「きれいな花だけど、地味だな。こんな暗闇の中で咲いたって、誰にも見てもらえないのに……」、そんなことを感じたことを覚えている。

家に戻って母にこの花のことを告げると、「それは月見草って言うんだよ」と教えてくれた。なぜだか、このときのやり取りをずっと覚えていたんだね。

1975（昭和50）年5月22日、対日本ハムファイターズ戦で、私は通算600号となるホームランを放った。

記録を達成する少し前から、私は「記者会見で何を言おうか」と考えていた。そのとき、ふと頭をよぎったのが幼い頃に見たあの花だった。

そこで、私はこんなことを口にした。

「王や長嶋が燦燦と降り注ぐ太陽の下で咲くヒマワリなら、私は人の見ていないところでひっそりと咲く月見草みたいなものだ」

もちろん、頭の中にはわが故郷、網野町の砂浜にびっしりと咲いていた闇夜の中の月見草が浮かんでいた。

毎晩、テレビ中継もあり日本中の注目を集めていた巨人のスター選手、長嶋茂雄や王貞治のようにはいくら頑張ってもなれない。誰からも注目されることのない閑古鳥の泣くパ・リーグで黙々とプレーを続けていた私は、まるで月見草のようだった。

それが、当時のセ・リーグとパ・リーグの違いだった。今となっては信じられないだろうけれど、両リーグの格差は今とはまったく比べ物にならないものだった。

それにしても、我ながら実にうまい表現だったと思う。

ヒントとなったのは太宰治の『富嶽百景』という短編小説の一節だった。

――富士には、月見草がよく似合ふ。

そんなことが書かれていた。悠然とそびえ立つ富士山と可憐な月見草の花を対比させる太宰の感性に驚くと同時に、自分自身も褒められたような気がしたものだった。

月見草はじっと雪の下で寒さに耐え、夏は太陽の光に耐えながら月夜の下で静かに花を咲かせている。こう書いていても、自分の人生のようだ。

ちなみに、「月見草」の比較対象として、「ヒマワリ」という花を選んだのは妻の沙知代だった。

「月見草が陰に咲く花だとしたら、光り輝く花は何だろう?」

私の質問に対して、沙知代は何も迷うことなく「ヒマワリでしょ」と答えてくれたのだ。

その後、生涯にわたって「月見草」は私の代名詞となった。

後に、山口洋子さんの作詞で『俺の花だよ月見草』という歌まで発表するようになるとは思わなかったけれどね(笑)。


振り返ってみれば、私が月見草だったように、母もまた人知れずひっそりと咲く月見草のような人だった。

子どもが小さいときに夫を亡くしてからは昼も夜もなく、ひたすら働き続けた。

一度、「父ちゃんと母ちゃんはどうやって知り合ったの?」と聞いたことがある。

母は若い頃は看護師をしていた。父は患者として、母に出会った。

看護師と患者、よくあるパターンだね。

生涯、働きづめだった母ちゃん

私がようやくプロ野球の世界で実績を残し、ある程度の金を稼ぐようになって仕送りをするようになってからも、母はずっと働き続けた。

契約金ゼロのテスト生だった当時、月給は7000円だった。そのうち3000円を寮費、食費に徴収され、残りから母に1000円を仕送りしていた。

やがて、仕送り額も増え、「もう仕事はやめて、好きなことをしたら?」と言ったけど、母は50歳過ぎまでコツコツと働き続けた。生前の母はこんなことを言っていた。

「お前がいくら仕送りをくれても、最初にもらった1000円に勝る大金はないよ」

母の死後、預金通帳が出てきた。私からの仕送りを一銭も使っていなかった。「いつか克也が困ったときのために」、そんな思いで手をつけられなかったのだろう。「それが母親というものなのか」と私は涙が止まらなかった。

さらに、先にも述べたように、「長男の嫁」ということだけで、母は生涯にわたって、近くに住む父の両親の面倒を見続けていた。血のつながりもないのに、実の子どもたちも他にいたのに……。

明治生まれの女は強い――。

考えてみれば、母は苦労するためだけに生まれてきたような生涯だった。母ちゃんが亡くなったとき、私は棺に向かって「母ちゃんの人生は幸せだったの？」って尋ねたよ。茶毘《だび》に付される際、自分でも驚くほど涙が出てきた。拭いても、拭いても、とめどもなく流れてきた。

母のことを考えると、私は今でも胸が痛む。涙が出てくる。そんなときに、私は自分の弱さを再認識することになるのだ。

私がプロ野球の世界に身を投じて、しばらくした頃のことだった。

ふとした瞬間に、母がこんな言葉を漏らした。

「私は生まれてきて、何もいいことはなかった。けれども、いい息子に恵まれたよ……」

女手一つで、私と兄を育ててくれた母にはいくら感謝しても感謝しきれない。私の人生でいちばん誇れるもの、それは間違いなく母である。

母ちゃん、本当にありがとう。今でも大好きだよ。

第三章

父は弱い

「克則が誘拐された?」

1973(昭和48)年7月23日、息子・克則が誕生した——。

当時の私は南海ホークスの選手兼任監督、いわゆるプレイングマネージャーを務めていた。この年、南海はパ・リーグ優勝を決めることになる。このとき私は38歳だった。選手として、監督として、円熟期に入っていた時期にあった。

現役プロ野球選手であり、しかも監督まで兼任していたものだから、この頃は本当に多忙を極めていた。一年の半分は遠征で、自宅を留守にすることも多かった。

したがって、「育児」ということをしたことがない。すべて沙知代に任せっきりだった。だから、たまに時間があるときでも幼子とどのように接していいのかわからない。

とまどうことばかりだった。

それに、すでに述べたように、私は3歳の頃に父親を亡くしている。身近に「父親」という存在がなかったから、父というのはどういうものなのか、父は息子とどのように接するものなのか、お手本になるようなものが何もなかった。

父親は健在なのに、我が家は母子家庭のようなものだった。そんな環境の中で、克則は育っていったのだった。

あれは、克則が小学校に入学した頃のことだった。

前夜の試合から帰宅し、寝床でウトウトしていたところ、妻の大声で目が覚めた。

「大変なの、起きてちょうだい！」

ただならぬ切迫した声に異変を感じ、普段は目覚めが悪い私も、このときばかりは一瞬で目が覚めた。

「どうした？」

「克則が誘拐されたらしいの……」

予想もしていなかった「誘拐」という、ただならぬ言葉にさすがの私も青ざめてしまった。克則はこの年の4月に小学校に入学したばかりだった。

ぼんやりとした状態のまま妻の説明を聞く。沙知代によれば、いつものように自宅を出たのに、学校から「まだ登校していない」と電話があったのだという。

克則が通っていた小学校は自宅近くのバス停でバスに乗り、そこから歩いてすぐのところにあった。我が家からは、子どもの足でおよそ25分から30分の距離だった。

その日もいつも通りのバスに乗ったところまでは確認しているという。

「考えすぎかもしれませんが、ひょっとしたら、誰かに連れて行かれたのかもしれません。交通事故ならば学校に連絡が入るはずです。もう少し待って、それでも行方がわからなければ、警察に届けようと思います……」

学校からの電話に妻も私も震え上がってしまった。

あの沙知代でさえ、今まで見せたことのない態度でおろおろしている。私は努めて平静を装っているものの、内心では叫び出したいほどの恐怖に襲われていた。

父は弱い——。

私が初めて実感した瞬間だった。

克則がバスを降りる駅前商店街は、日頃から私たちもよく利用している店ばかりだ。そこで、知り合いの店に片っ端から電話をかけて「克則を見なかったか」と尋ねた。すると、ものの10分も経たずに、電話を受けた多くの人たちが我が家にやってきた。

「みんなで手分けをして捜そう」

商店街の人たちの申し出が実に嬉しく、本当に心強かった。

当時から、父親らしいことは何もしていなかったけれど、克則には「三つの教え」を授けていた。

一、あいさつをきちんとしなさい。
二、人に迷惑をかけない。
三、知らない人にはついて行かない。

小学校に入学したばかりの頃、克則が大慌てで帰ってきたことがある。

「知らない人が、〝キャッチボールをしようか〟って言うから逃げてきたよ！」

その直後、駅前商店街の米屋の親父さんが我が家にやってきた。

「克則クンが一人でボール遊びをしていたから、思わず声をかけちゃったけど、逆に驚かせてしまったみたいで……」

苦笑いを浮かべながら説明する米屋の親父さんの姿を見ながら、「克則はきちんと父親の言いつけを守っているな」と嬉しくなったものだった。

（だから、今回も絶対に大丈夫。何事もなかったかのように、〝ただいま〟って、克則は無事に帰ってくる……）

自然と自分にそう言い聞かせていた。

克則誘拐騒動、その顚末

やがて、克則は無事に見つかった。

駅前でバスを降りた後、すぐ近くの建材店の砂山で一人で遊んでいたのだ。近くの牛乳店のおばあちゃんが見つけてくれて、我が家に電話をかけてくれたのだ。元々、克則はこのおばあちゃんにとてもなついていた。

知らせを受けて、すぐに学校に連絡をする。そのとき、先生から「絶対に叱らないでくださいね」と念を押されていた。

すぐに牛乳店に駆けつけると、克則は何事もなかったかのように、弁当の残りを片づけていた。もしも、先生からのアドバイスがなければ私たち夫婦は「どこに行っていたんだ。みんなに心配をかけて」と克則を叱責していたことだろう。

そのとき、「どうしてすぐに叱ってはいけないのだろう？」と私は考えていた。「鉄は熱いうちに打て」と言うように、その場で叱った方が、今後のためになるのではないか？　そう考えていたのだ。

しかし、後になって先生の言葉の意味を理解するようになる。

もしも、先生からのアドバイスがなければ、あの場面で私は克則に対して、冷静に諭すことができただろうか？　おそらく、いくら「冷静に」と頭では理解していても、きっと感情が先走って情緒的な叱責になりかねない。先生はこの点を心配したのだろう。

実際にその翌日、冷静さを取り戻した状態で克則に「昨日のこと」を尋ねることができた。監督時代に選手との意思疎通を重要視していたように、このときも克則としっかりとコミュニケーションを図ることが大切だと考えたのだ。

この日、久しぶりに克則と二人で風呂に入った。

克則も上機嫌だった。そこで、「どうして昨日は真っ直ぐに学校に行かなかったんだ？」と尋ねてみる。すると、克則は平然とした様子で答えた。

「だって、一時間目が算数で、二時間目が国語だったから……」

算数と国語が嫌いだから学校に行きたくなかった――。

そんなことが理由だったのだ。さらに詳しく聞くと、バスの中で忘れ物をしたことに気がついたという。元々嫌いな授業が続く日に、忘れ物をしてしまった。それが引き金となって、「今日は行くのやめよう」となったようだった。

それで、弁当を食べて時間をつぶした後に、二時間目が終わるのを待って、三時間目の体育が始まるタイミングで登校しようと考えたのだという。

明るい性格で物怖じしない点が彼の長所だった。しかし、一歩間違えれば、その大胆さが命取りになりかねない。

私は、このとき初めて教育の難しさ、子育ての困難さを知った。

（これから、どうやって子どもと向き合っていけばいいのだろう？）

遅ればせながら、子どもが小学1年生になったこのときから、私はようやく本腰を入れて克則と向き合うこととなったのだ――。

「放任主義」と「ほったらかし」の大きな違い

克則が生まれた当時、私はまだ現役のプロ野球選手だった。

南海時代は監督も兼務していたし、南海からロッテ、そして西武に移籍したときは、現役最晩年ということもあって、「もうひと花咲かせてやる」の思いで、がむしゃらに野球に取り組んでいた。

そんな時期にあったから、子育てについては沙知代に任せっきりだった。一見すると「放任主義」のように見えるかもしれないが、要は仕事にかまけて「ほったらかし」というのが実情だった。

プロ野球の世界では、私のような一部の例外を除けば、たいていはアマチュア時代に輝かしい実績を引っ提げてプロ入りする逸材ばかりである。

だから、入団当初からあれこれと口出しをせずに、まずは基礎体力作りを中心に据えて、「投げる」「打つ」という基本的なことは、本人の好きなようにやらせた方がいい。この時期にヘンに口出しをして萎縮させてしまうよりはずっといいからだ。

しかし、だからと言って何もアドバイスもせずに、ただ黙って見ているだけではその選手は伸びない。入団直後の初々しい時期だからこそ、基本の大切さ、ルールの重要性、集団生活のあり方などは徹底的に教え込む必要がある。

それがきちんとなされていないと、最低限のルールやマナーを身につけられない選手となってしまうのだ。

私が南海、ヤクルト、阪神、楽天の監督だった頃、選手たちに茶髪や無精ひげを禁止したのも、そんな理由からだ。古い考えだと思われるかもしれないが、「髪型の乱れは心の乱れ」だと私は信じている。

身だしなみや「時間厳守」の考え方は、社会生活における最低限のルールだと考えている。だから、どの球団でも、いつの時代であっても、私はこの点に関しては口うるさく言い続けたのだ。

ところが、こと子育てに関して言えば、私はそんなことすら徹底できていなかった。放任主義とほったらかしはまったく似て非なるものだということすら、思い至っていなかったのである。

「王さんとパパと、どちらが偉いの?」

——王さんとパパと、どっちが偉いの?

子どもの頃の克則にこんな質問を受けたことがある。説明するまでもないだろうが、「王さん」とはもちろん、「世界の王」こと王貞治のことだ。

当時はワンちゃんもまだ現役選手だった。いや、現役引退直後のことだったかな? 記憶は定かではないが、いずれにしてもまだ小学生たちのヒーローとして「世界の王」の記憶が生き生きと息づいていた頃のことである。

自分で言うのも照れるけれど、克則は父である私のことを尊敬していた。

しかし、どうやら世間の評価は「野村より王」であるらしいことに気がついた。しかも、王は生涯で868本ものホームランを放っているのに対して、私は現役通算657本。200本以上も彼の方が多い。「パパの方が偉いんだ」と信じたいけれど、「どうもパパの方が分が悪い」ということに、子どもながらに気がついていたようだった。

ひょっとしたら、学校で「お前のお父さんよりも王さんの方が偉いんだ」と言われたのかもしれない。

記録を振り返ってみれば、私が王に勝っているのは通算打席だ。二位の王が11866打席に対して、私は11970打席で史上一位だ。私自身は「長く第一線で活躍した証だ」とこの記録を誇りに思っている。しかし、小学生の子どもにとって、ホームランや打率の方が華やかでわかりやすい。

だから、克則は「パパの方が偉いんだよ」と言ってほしくて、「どっちが偉いの?」と尋ねたのだろう。

このとき私は、「さて、どう答えればいいのだろう?」と思案に暮れた。彼の気持ちを考えれば、「もちろんパパの方が偉いんだよ」と答えてあげた方がいいのかもしれない。しかし、私と王とでは打者としてのタイプが違うし、育ってきた環境も大きく異なるため、一概に「パパの方が偉い」とも、「王選手の方が偉い」とも言うことができない。

子ども相手に気休めを言いたくはなかった。結局、いい答えが見つからず、

「さぁ、どうかな？　それは難しい問題だな」

と、曖昧な返事をするのが精一杯だった。

しかし、すぐに私は後悔した。たとえ、事情が複雑であったとしても、私の本当の気持ちを丁寧に説明すべきだと思ったのだ。


小学2年生になった克則は、こんな作文を書いた。


おとうさんとおかあさんのゆめは、ぼくが、ピッチャーマウンドにたってなげるんです。

おとうさんのゆめは、ぼくが、おおせんしゅのホームランをぬくゆめです。

ぼくは、ゆうしょうカップがもらいたい。

ぼくは、野球がやりたいし、ピッチャーマウンドにたっておもいきりなげたい。

ぼくは、いまリトルリーグにはいって、ピッチャーもやっている。

面白いのは「野球」だけ漢字で書かれていることだ。特に漢字の勉強に熱心だったわけではないので、他の漢字は書けないのに、「野球」だけは自然に覚えたのだろう。

この頃、彼とはこんなやり取りも交わしている。


「パパは甲子園に出たことはあるの？」

「いや、ないよ」

「どうしてパパは甲子園に出られなかったの？」

「パパの高校はあんまり強くなかったからね」

「甲子園に出たかった？」

「もちろん出たかったよ。甲子園に出られたら一生の思い出になるからね」

プロ野球の選手の中には、高校時代に甲子園出場経験のある者と、そうでない者との間に明確な違いがある。毎年、春と夏の高校野球のシーズンが訪れると、甲子園出場経験のある者はにわかに活気づき、出場経験のない者は何となく肩身の狭い思いをするのだ。

さて、このやり取りは、以下のように続く。

「パパは甲子園に出たかったんだね……」

「出たかったな」

「じゃあ、僕がパパの代わりに甲子園に出て優勝するからね。嬉しい?」

「もちろん嬉しいよ。パパも甲子園に応援に行くからね」

尊敬するパパのために、「王選手のホームランを抜く」と言ったり、「僕が代わりに甲子園に出る」と言ったり、子どもを持つとこんな喜びをプレゼントしてもらえるのだ。

父親としては何もできていなかったけれど、子どもからは多くのものをもらった。そんなことを実感しながら、私は克則の成長を見守っていたのだった。

子どもの頼みを断ることができない「父の弱さ」

小学校入学直後、克則の成績は「ABC三段階」で、ほとんどが「C」だった。しかし、2年生になる頃には、少しずつ「B」が増え始めていた。

そこで、私はつい嬉しくなって、

「勉強を頑張っているから、ごほうびに腕時計を買ってやろうか」

と言ってしまった。内心では「さすがに小学2年生で腕時計は早すぎるかな?」という思いもあった。すぐに「なんてことを口走ってしまったのか」と後悔したものの、克則はすでに大喜び。仕方なく私は「条件」を出すことにした。

「お小遣いを貯金して5000円貯まったら、足りない分をパパが出してあげる」

こうすれば、貯金の習慣も身につくし、お金のありがたさも理解できるし、何よりも算数の勉強に役に立つ。そんな大義名分を自分に与えることで、私は克則との約束を正当化しようとしたのだった。

それ以降、克則は一生懸命貯金に励んだ。そして半年が経過した頃、ついに目標額の5000円が貯まった。すると克則は言った。

「せっかく貯めたんだから、もっともっと貯めたい。このお金はこのままにしておいてもいいでしょう?」

私は内心ではホッとしていた。ところが、そうは問屋が卸さなかった。

「貯金は続けたいけど、腕時計もほしいな。お願いだから、買ってよ!」

こうなると、父親というのは弱いものだ。

彼に言われるがままに、私は全額払って新品の腕時計を買う羽目になった。小学校低学年の子どもにはまだ早かったかなという思いもあったが、喜ぶ克則の姿を見ていると、そんな迷いもすぐになくなってしまった。

やっぱり、父は弱い――。

そんなことを痛感しつつも、その後も何度も同じことが繰り返されることとなった。

父と息子の二人三脚だった「港東ムース」時代

中学生になった克則は目黒東シニアで本格的に野球を続けていた。

しかし、このチームはグラウンド以外でのトラブルが絶えず、指導者と選手の保護者たちとの関係は最悪だった。克則が中学2年の冬、ついに両者の関係が決定的にこじれてしまって、克則の同学年の10人以上がチームを離れそうな異常な状態となってしまった。

そんなあるとき、保護者の方々が私の下に相談にやってきた。

中学3年生となる直前にチームは空中分解してしまった。ここから新たなチームに入っても、それまで通りに野球を続けられる保証はない。そもそも、他のチームが最終学年の選手を十人以上も受け入れてくれるものなのか？

だから、「野村さんに仲裁に入ってほしい」という依頼だった。

当時の私はすでにユニフォームを脱ぎ、解説者として活動をしていた。その上、講演活動で全国各地を飛び回っていて、ゆっくりできる時間などなかった。「それでも、ぜひ」と保護者たちからは熱心に懇願された。

そこで一応、私が間に入ってみたものの、保護者たちの意思は固く、仲裁は失敗に終わった。結局、13人もの選手がいっぺんに辞めてしまったのだ。

18人しか選手がいないチームで13人もチームを去ってしまっては野球はできない。そこで、克則も同時にチームを去ることとなった。

この状況を見かねたリトルシニアの理事長から思いもよらぬ提案を受けた。

「野村さん、子どもたちのためにも、あなたが監督となって、新しいチームを創設したらどうですか?」

まったく予想もしていなかった展開にとまどったものの、結局は退団した13人を中心に新しいチームを作ることとなった。

チーム名は「港東ムース」。

60年の日米野球で来日したサンフランシスコ・ジャイアンツのウィリー・メイズが私のことを称して、「彼はムースみたいだ」と言ったのだ。

ムースとは「大鹿」のことだ。のっそりとした巨体ながら、注意深く辺りを見回しつつ、外敵が来れば俊敏に行動するクレバーな動物だという。

私はこのニックネームを気にいっていた。

そんなことから、南海時代の私は「ムース」と呼ばれていた。それをチーム名として新チームはスタートしたのだ。

大会直前にリトルシニア連盟の承認を受け、練習場所も確保できないままの見切り発車ではあったが、初めての少年野球指導は楽しかった。

現役時代の伝手をたどって、一週間のうち火曜日と木曜日の夜は神宮球場の室内練習場を借り、週末は巨人の多摩川グラウンドで練習をした。

私はそれまでプロの世界で生きてきた。しかし、今回の相手は中学生だ。プロ野球選手と同じように接していいはずがない。そこで私は「褒めて伸ばす」指導を心がけた。

それは、今まで経験したことのない新鮮なものだった。そして、正しい指導をすれば、選手たちは驚くほどに技術面も、体力面も向上していった。

当時の港東ムースの選手たちには、後の「ＩＤ野球」の原型のようなものを伝授した。

当時、そんなことをやっているチームは他にはない。ますます選手たちは伸びていく。

指導者としてのやりがいをもう一度思い出させてくれたのが、私にとっての港東ムース時代だった。

この時期は、克則と一緒に過ごす時間がたくさんあった。小学生時代はまだ私も現役選手だったし、高校、大学時代には彼の寮生活が始まってしまったから、生涯においてもっとも親子で一緒に濃密に過ごせたのが、この時期だった。


誕生したばかりのチームだったが、初めての大会では快進撃を続けた。

しかし、準々決勝まで進出したものの、準決勝を見据えてエースを温存した結果、逆転負けを喫してしまった。プロとは異なる、「一つ負けたら終わり」という不慣れなトーナメント戦の戦いを熟知していなかった監督のミスだった。このとき、沙知代からは「エースを温存して負けるとは何事だ！」と、ものすごい剣幕で怒られたよ（笑）。

克則の代では全国制覇はできなかったけれど、その翌年以降、港東ムースは何度も全国制覇をする強豪チームになった。

1990（平成2）年に私がヤクルトの監督に就任したことで、港東ムースの監督職から離れてしまったが、私の義理の息子である団野村が監督となり、強豪チームとしてリトルシニアを代表するチームに育ったのは嬉しかった。

少年野球の監督としての時間は、私にとって得難い経験となったのは間違いない。

堀越高校で甲子園出場はならなかったけれど……

克則が高校に進学する1年前、88年のことだった。

この年、堀越高校は春夏連続で甲子園出場を果たしている。春は初戦、夏は二回戦で敗退したものの、激戦区である西東京で春夏連覇を果たしたのだから、その実力は本物だ。

克則が「堀越高校に行きたい」と言ったとき、私はまったく反対する余地がなかった。小学生時代に「僕がパパの代わりに甲子園に出て優勝するからね」と約束してくれたことは、ずっと私の胸の内に息づいていた。

(ついに、約束を果たしてもらえるときが来るのかな?)

内心では私もすごく楽しみにしていた。「心の強い選手を育てること」をモットーとする桑原秀範監督の下、克則はどんな野球人生を歩むのか、私はとても期待していた。

高校時代は寮生活を送っていたので、彼がどんなことに悩み苦しみ、高校生活を送っていたのかはつぶさには知らない。

しかし、たまに帰ってきたときには、どんどんたくましく、頼もしくなっていたのが嬉しかった。

私はただ、「頑張れ、何事も経験だ」と声をかけるだけだったが、沙知代は「〝苦しい〟とか、〝死にたい〟と言って、本当に死んだヤツはいないんだよ！」と、いかにも彼女らしい言葉で激励していた（笑）。

克則が高校2年生になる年、私はヤクルトの監督として球界に復帰した。

久しぶりにユニフォームを着るということで、私は自分自身のことでてんやわんやではあったが、その一方では克則のこともずっと気にかけていた。

この頃の克則は厳しい練習に励んでいたようだった。それでも、なかなか甲子園出場はかなわなかった。気がつけばあっという間に最終学年、高校3年の夏を迎えていた。

3年生が抜け、新チームとなった高校2年の秋、克則はキャプテンに指名された。後で聞いたところによれば、「何度も退部しようと思った」という。それでも、チームに残ったのは「いい仲間たちに助けられたから」だという。

厳しい監督の下だったからこそ、選手たちが一つに結束したのだそうだ。

いい仲間に囲まれながら、キャプテンとして過ごすことは、人間的に大きく成長するいい機会だったのだろう。克則にとって充実した時間だったに違いない。

それでも、高校3年夏の西東京大会で堀越高校は準決勝で敗退してしまった。私も時間の都合をつけては、観戦に訪れていた。善戦むなしくチームは敗れたが、堀越高校で過ごした3年間は、克則が大きく成長するために必要な環境、時間だったのだと思う。


結果的に子ども時代の「約束」はかなわなかったけれど、私は大満足だった。

この充実した時間があったからこそ、自ら選んだ明治大学野球部でも、克則はさらに成長を続けた。高校卒業後すぐにプロに行くよりは、大学でさらに経験を積んだ方がいいと私は考えていたが、本人も同じ意見だったようだ。

大学時代はさらに厳しい環境だったようだが、それも克則にとっては大きなプラスになったはずだ。

この間、私はヤクルトの監督として多忙を極めていた。

92年と93年は森祇晶監督率いる西武ライオンズとの日本シリーズに心血を注いでいた。

当時、黄金時代を築いていた西武を相手に私は全身全霊をかけて挑んだ。

92年は「あと一勝」で敗れて悔しい思いをしたものの、翌93年は監督就任4年目で初の日本一に輝いた。私の野球人生においても、忘れられない2年間となった。

そしてこの時期、克則もまた厳しい練習、上下関係に耐えながら、憧れのプロ野球選手を目指していた。

この頃は父と子が顔を合わせてゆっくり話すことはほとんどなかった。

「お前じゃ無理だ。会社勤めで安定した仕事をしろ」

小学校の頃から野球に夢中になっていた克則は、その後は堀越高校、明治大学で野球を続けた。子どもの頃に約束したように、高校時代に甲子園出場はかなわなかったものの、それでも元気に野球を続けている姿を見るのは、親としては嬉しいものだった。

あれは、克則が大学4年生の頃のことだった。ある日、克則が神妙な顔で言った。

——プロに行きたいんだ。

当時、私が監督を務めていたヤクルトのスカウトが見に来ていたという。私自身も、何度も神宮球場で東京六大学の試合を見ていた。

正直に言えば、克則がプロで成功するとは思えなかった。大学2年の秋には、好選手がひしめき合っている東京六大学の首位打者も獲得していた。ベストナインに選ばれたこともあった。

しかし、プロのレベルに達していたとは私には思えなかった。

だから、努めて冷静に彼に伝えた。

「お前じゃ無理だ。苦労するのは目に見えている。ちゃんとした会社に勤めて、安定した生活をしなさい」

キッパリと現実を伝えることも親の務めだと考えたからだった。

もちろん、子どもの夢を親が潰すようなことはしたくなかった。しかし、プロは実力の世界だ。実力のない者がプロに入っても淘汰されるだけだ。自分の息子が淘汰される姿を見たいと思う親など、一人もいないだろう。

それでも、克則は不満そうだった。

だから私は、自分よりも才能がある選手が次々と消えていったこと、努力し続けても結果が出ないことが多いこと、常にケガと隣り合わせであることなどをひとしきり説明した。その上で、「それでもプロでやっていく自信があるのか?」と問うた。

克則はキッパリと言い切った。

「プロに憧れて野球を始めたのだから、たとえプロで失敗したとしても後悔はない。それに、親父だってテスト入団だったじゃないか。人生、上り坂、下り坂、そして〝まさか〟がある。やってみないとわからないじゃないか」

上り坂、下り坂、そしてまさか——。

これは常々、私が口にしていたことだった。克則の覚悟はよく伝わってきた。これ以上「あきらめろ」とは言えなかった。

自分の力がどこまで通用するのか試してみたい——。

克則の気持ちはよく理解できる。

私がプロ入りするときのことが頭をよぎる。「母ちゃんにラクをさせてあげたい」という思いでプロ入りを願ったのに、母は頑なまでに反対し続けた。それでも、その反対を押し切ったことで私はプロ入りを実現し、プロの世界で結果を残すことができた。自分の人生を充実させることができた。

まさか、あのときの母の気持ちを、こんな形で実感する日が来るとは思わなかった。克則の言うように、本当に人生には「まさか」があるのだと実感したものだった。

「父と子」の関係から、「監督と選手」の関係に

95年11月22日、この日は私と克則にとって、大きな意味を持つ日となった。この日行われたドラフト会議で彼はヤクルトから三巡目指名されたのだ。

当時、私はヤクルトの監督を務めていた。周囲がどんな目でこの事実を受け止めているかということは簡単に想像できる。

私の頭の中には、「親の七光り」「縁故入団」といった単語がよぎる。もちろん、克則だって世間がそういう目で見ていることは承知していただろう。

登録名は「カツノリ」とカタカナで表記することに決まった。これは、当時「鈴木一朗」が「イチロー」として登録され、大活躍していたことにあやかってのものだった。ヤクルト球団としても、話題作りの一環として考えたのだろう。

この日から、私たち親子は「父と子」の関係から、「監督と選手」の関係に変わった。克則もまた、公の場では「父」「親父」と口にすることはなくなり、「監督」と発言するようになった。ドラフト会議後、彼と初めて会ったときのことだった。

「これからは息子だからと言って、一切お前を特別扱いしないからな。覚悟はいいな」

克則は神妙な顔で聞いていたよ。当然、本人にもその覚悟はあったんだろう。

当時のヤクルトには、すでに球界を代表するキャッチャーとなっていた古田敦也が不動の正捕手として君臨していた。さらに、第二捕手として野口寿浩もいた。

古田の陰に隠れて、野口はなかなか出番がなかった。しかし、その実力は折り紙付きだった。他球団に行けばレギュラーレベルの実力を備えていた。実際に、後に野口は日本ハムファイターズ（現・北海道日本ハムファイターズ）へ移籍し、レギュラー捕手になっている。古田も野口も一流のキャッチャーだった。こうした選手層の厚い中に、克則は割って入ろうとしていたのだった。

しばらくの間は二軍で経験を積み、そこから一軍への切符をつかんでほしい。内心で、私はそんなことを考えていた。

彼のルーキーイヤーとなった96年は「1年間はみっちりとファームで鍛えよう」という私の方針で、克則を一度も一軍に上げることはしなかった。

しかし、プロ2年目となった97年には、課題だったバッティングにかなり向上の兆しが見えたので、一軍に呼ぶ機会も増えていく。

デビューから6打席目で克則はプロ初ヒットを放った。16打席目にはプロ初ホームランも放った。私のプロ第1号はプロ3年目のことだったから、克則の方が一年早い。

この年、克則に命じたことがある。

「せっかく一軍にいるのだから、古田のリードをよく見ておけ。試合中、私と古田がどんな会話を交わしているのかをよく聞いておけ。そして常に、〝自分がこのバッターだったら、キャッチャーだったら〟という視点で試合を見ろ」

こんなことを伝えた記憶がある。

実力で言えば、古田の方が一枚も二枚も上手だった。監督としてはいくらかわいい息子であっても、チームの勝利のためには実力に勝る古田を起用する。

しかし、克則にもきちんと成長してほしい。それは「親子」だからではなく、「監督と選手」だからだ。監督というのは、選手の成長を心から願うものである。ましてや、それが実の息子であればなおさらだ。

古田敦也という高い壁を乗り越えられるかどうかは、いくら親であっても、手を差し伸べることができない。本人が自らの力で乗り越えるしかないのだ。そして、それができなければチームを去るか、ユニフォームを脱ぐしかないのだ。

チームが大勝している場面では克則を積極的に起用した。しかし、「不動のレギュラー捕手」となるには、まだまだ物足りない。

それが、プロの世界の非情な掟なのだ。

父としては、敗れ去る息子の姿など見たくはない。ときおり、「父の弱さ」が顔をのぞかせる。「克則に少しでもチャンスを与えたい」という恩情が湧き起こってくる。

しかし、それではチームのためにも、克則のためにもならない。「父の弱さ」を「監督の強さ」で押し殺す日々が続いた。

現役生活11年間、克則のプロ野球人生

その後、克則の野球人生は波乱万丈だった。

98年シーズン限りで私はヤクルトを去り、翌99年からは請われる形で、同一リーグである阪神タイガースの監督に就任した。私の代わりにヤクルトの監督となったのが、「ミスタースワローズ」として、球団からもファンからも人気のあった若松勉だった。

監督初年度となった99年シーズン、若松監督は克則を一軍に呼ぶことはなかった。

そして00年、克則は金銭トレードで阪神に移籍する。

阪神の球団社長だった野崎勝義さんが気を遣ってくれたのか、私の意思とは無関係に移籍話は進められた。阪神では矢野輝弘（燿大）の控え捕手として克則を一軍に帯同させて、経験を積ませることにした。

しかし、第四章で詳述するが、「沙知代が起こした問題」により、私は阪神を去る。そして、克則は04年の開幕前に巨人に移籍。その年限りで戦力外通告を受けたものの、球界再編騒動により05年から新規参入した東北楽天ゴールデンイーグルスにトライアウトを経て入団が決まった。

05年限りで田尾安志監督が解任され、楽天の後任監督となったのが私だった。過去、ヤクルトと阪神時代は私が監督を務めるチームに克則が後から入団してきた。しかし、このときは克則を追うように私が入団したのだ。

この年、克則は不振を極めていた。藤井彰人に次ぐ、「第二捕手」として出場機会を与えたものの、右肩の故障もあって精彩を欠いていた。

その結果、それまで同様に、いや、それまで以上にカツノリに対する野次は過激なものとなっていく。球場にはブーイングが響き渡り、応援団からは「応援拒否」という残酷な仕打ちも受けた。私もさまざまな批判の矢を向けられた。

この時期は彼も辛かっただろう。もちろん、私も辛かった。

そして、彼はこの年限りで現役を引退する決意をする。

彼からは何も相談を受けなかった。さんざん悩んで、自分で決断したのだろう。その決断に対して、私からは何も言うことはない。

「11年間、よく頑張ったな……」

克則には、ただそれだけを伝えた。プロ野球選手として恵まれた体軀を誇っていたわけではなかった。特別、才能に満ちあふれていたわけでもなかった。

それでも、彼は彼なりに必死に努力し、もがいていたことを私は知っている。プロ入りの際に「たとえプロで失敗したとしても後悔はない」と克則は言った。

もう、十分やり尽くしただろう。後悔もないだろう。ヤクルト、阪神、巨人、そして楽天と11年間で四球団のユニフォームに袖を通し、精一杯頑張った。

プロ野球選手は引退してからの方が、圧倒的に人生が長い。次なるステージでの彼の活躍を祈る気持ちでいっぱいだった。

常に「野村監督の息子」という好奇の視線を向けられていた中で、克則は必死にもがき、必死に努力していた。

私はただ、「お疲れさま」と心の中で労うことしかできなかった。

「野村克也の息子」の呪縛とともに

振り返ってみれば、小学生の頃に克則が野球を始めて以来、リトルシニア時代、高校時代、大学時代、そしてプロ時代と、彼は常に「野村克也の息子」という世間の目と対峙してきたことになる。

心無い報道に胸を痛めたことは一度や二度ではない。

まったく別の世界ならともかく、「野球」という、父と同じフィールドで生きることを選んだ以上、それは避けられないことなのかもしれない。

もしも彼の父、つまり私が元プロ野球選手でもなく、「プロ野球監督」という肩書きがなければ、彼もまた違った野球人生を歩んでいたのかもしれない。

しかし、その一方では父が元プロ野球選手であり、現役のプロ野球の監督だったからこそ、克則は有形無形のさまざまな財産も手にしたことと思う。

その代表例が「野村ノート」と呼ばれる、私が生涯にわたって野球を、そして人生を探求し続けたノートである。監督を務めたチームの選手たちには、毎年キャンプインの時期に最新版を配布して、ミーティングを行ったものだ。

今では書籍として、一般の人でも目にすることができるし、選手たちから選手たちへコピーが配られることで、私が関わったことのないチーム関係者も読んでいるようだ。

しかし、このノートの「完全版」は私の手元にしかない。現在、指導者としての道を歩んでいる克則に、やがてはこのノートを手渡すつもりだ。

それによって、少しでも彼が立派な指導者となる手助けができればと願っている。

これは、私が彼に遺してやれる最高の財産だと思っている。

今後、彼が監督となるようなときが来るだろうか？　そしてそのときにもまた、世間からは「野村監督の息子」という視線にさらされるのだろうか？

それでも、彼にはそんな呪縛を乗り越えて、ますます大きくなってほしい。


何もできなかった「父の弱さ」を痛感しつつ……


すでに不惑を過ぎ、50代が視野に入りつつある今、克則に対してあれこれ口を出すことはない。いくつになっても子どもは子どもではあるが、克則ももう立派な大人となった。

ここまでを振り返ってみて、改めて思うことわざがある。

――親はなくとも子は育つ。

私は彼に何も教えてやることができなかった。しかし、リトルシニア時代から始まり、堀越高校、明治大学時代、そしてプロに入ってから在籍した各球団関係者のおかげによって、克則は立派な人間に育ったと思う。

さまざまな人から、克則のことを褒められる。みんなに好かれる人柄は彼にとっての財産だ。改めて感謝の意を伝えたい。

周りの人々に恵まれたからこそ、今の克則があるのだと思う。今となっては彼の今後の行く末を温かく見守っていくだけだ。

私はプロ野球の監督として、多くの選手たちと接してきた。その経験を通じて、「《叱る》と《褒める》は同義語だ」という信念を得た。

選手にうまくなってほしい、成長してほしい、課題を乗り越えてほしい、そんな思いがあるからときに叱ることもある。しかし、その根底にあるのは情熱であり、愛情である。

情熱と愛情を持って接すれば、必ずその思いは伝わると考えている。

そして、この考えを「子育て」に置き換えてみる。

当然、克則に対する愛情は他の選手とは比べ物にならないほど強いに決まっている。さらに、「成長してほしい」という情熱も間違いなく強い。

しかし、「監督として」ではなく、「父親として」考えてみたときに、本当にそれだけでいいのかは正直言って、いまだにわからないままなのだ。

いつだったか、克則と親子ゲンカをしたときに、彼からこんなことを言われた。

「オレは父親らしいことを何もしてもらったことがない」

この言葉はズシリと胸に響いたよ。図星だったからな。母子家庭で育ち、「父親とはどういうものなのか?」が、さっぱりわからなかったんだよ。「父として、子どものために何かをしたい」という思いは人並み以上に持っていたつもりだった。

けれども、何をしていいのか、どうすればいいのかがわからなかった。

何もしてやれず、頼りない父親で本当に申し訳なかったと思う。

幼い頃からそうだったように、いくつになっても息子は息子で、私にとって克則はかけがえのない大切な存在だ。はたして、私が3歳のときに亡くなった父にとっても、私はそんな存在だったのだろうか?

父は弱い――。

いつの時代も、どこの国でも、それは不変の真実なのだろう。

もちろん、それは私と克則の間でも同様なのだ。

第四章

妻は強い

沙知代との出会い

あれは、1960(昭和35)年、私が25歳の頃のことだった。縁があって、ある企業の社長令嬢と見合い結婚をすることになった。当時のプロ野球界において、一流企業の令嬢と結婚するということは、一流選手にとってのステイタスだった。

しかし、この結婚はそもそも無理があった。子どもの頃から何不自由なく暮らしてきた社長令嬢と、幼い頃から母子家庭で貧困の極みにあった私とでは、何から何まで価値観が違っていたのだ。

結婚から何年か経った頃、彼女の浮気が原因で私は家を出ることにした。本当ならば、すぐにでも離婚をしたかったのだが、彼女はなかなか離婚届に判を押そうとはしなかった。

そんなときに出会ったのが沙知代だった。

このとき、私は35歳、沙知代は38歳だった。

出会いの場所は、当時南海ホークスが東京遠征の際に利用していた表参道の旅館近くの中華料理屋だった。マネージャーと二人で昼食をとっていたところ、

「ママ〜、お腹すいた〜」

と元気に店にやってきたのが沙知代だった。店のママから「監督に紹介するわね」と紹

介されたのが最初の出会いだった。手渡された名刺には「伊東沙知代」とあり、その傍らには「代表取締役」と記されていた。ボウリング用品の輸入販売会社の経営をしており、日本とアメリカを股にかけるバリバリのキャリアウーマンということだった。

はつらつとした元気な女性――。

それが、沙知代の第一印象であり、「世の中にはこんなに活発な女性がいるのか」と驚いたことを今でもよく覚えている。

一方の沙知代は、野球にまったく興味がなく、当然ながら私のことも知らなかった。しかし、店のママもマネージャーも私のことを「監督」と呼ぶことが気になったという。

「どんなお仕事をされているんですか?」

と聞かれた私は、

「雨が降ったら商売にならないんです」

とあえて捻った答えを口にしたため、私のことを「工事現場の監督」だと理解したようだ。誤解が解け、私がプロ野球の監督であることを知ると、彼女はすぐに野球少年だという自分の息子に電話をかけ、「野球の野村さんって知ってる?」と告げた。

電話の向こうの少年は「野村さんはすごい人だよ!」と大興奮していたようだ。その少年こそ、後に代理人として活躍することになる団野村だ。

自分の息子が興奮するような人物だと知ったことで、私に対する態度が一気に好意的なものに変わった。そこで意気投合して、私たちは交際を始めることになったのだ。

当時、沙知代はすでに離婚しており、アメリカ人の前夫との間に二人の息子がいた。それが、前述の団野村と、ケニー野村だった。

初めて彼女と出会った日、沙知代は私にお守りを渡してくれた。それをポケットにしのばせて試合に臨んだところ、私はホームランを打ち、チームも勝利した。

この頃、私はプレイングマネージャーとして、選手兼任監督を任されていた。当時の妻とは別居中にあったたし、仕事上のプレッシャーも大きかっただけに、話をしているだけで私は癒され、自分にはない明るさと元気さに、自然に惹かれていったのだろう。

「なんとかなるわよ」は勇気の出る魔法の言葉

沙知代にはいかなることにも動じない強さがあった。人前で弱気な一面を見せることもなかったし、弱音を吐くようなことも絶対になかった。

一方の私は、つい弱気になり、ネガティブになり、ボヤキばかりを口にする人間で、沙知代とは何もかもが正反対だった。

「あなたは牛若丸で、私は弁慶。いつも私が前に立ちはだかって、〝矢でも、鉄砲でも持ってこい！〟って、あなたを守り通してきたのよ」

生前の沙知代の口癖だ。まさに、その通りだったと私も思う。

もう一つ、彼女の口癖だったのが「なんとかなるわよ」という言葉だった。これまでの人生で、私はこの言葉に何度も勇気づけられてきた。彼女は「地球は私を中心に回っている」と本気で考えていたんじゃないかというほど、常に堂々としていた。

対する私は、とうていそんな思いを抱くことなどできず、常に不安とともに生きてきた。野球においても、常々私は「投手はプラス思考、捕手はマイナス思考がうまくいく」と考えていた。だからこそ、ピッチャーとキャッチャーのコンビのことをプラスマイナスを併せ持った「バッテリー」と言うのだと思っている。

そういう意味では、私は仕事でもプライベートでもキャッチャーだったのだろう。

沙知代の「なんとかなるわよ」にもっとも勇気づけられた日のことを話したい。

あれは77年のことだった。この年、私はプレイングマネージャー8年目を迎えていた。

この年のペナントレース最終盤において、私は南海ホークスからクビを告げられた。チーム成績は2位だった。決して成績不振の責任を取らされたわけではなかった。原因は沙知代だった。

当時、私はまだ前妻との離婚が成立していなかった。結婚生活は完全に破綻していたものの、それでも世間から見れば「不倫」とみなされるのも仕方のないことだった。このときにはすでに克則も生まれていた。当時、沙知代と暮らしていた大阪の自宅マンションに泥棒が入ったことにより、彼女との関係が明るみに出てしまったのだ。

スポーツ新聞には連日、「野村克也愛人問題」が報じられた。人気商売であるプロ野球監督のスキャンダルは日に日に大きくなっていく。

中には「愛人がコーチ会議に出席して我が物顔をしている」とか、「愛人が南海打線を決定している」とか、事実無根の報道も多かったが、事態は収拾できないほど混乱の一途をたどっていた。

球団としても、この騒動をそのまま放置しておくわけにもいかず、オーナー、球団代表、後援会長、後援者らが集まったトップ会議の末、私の監督解任が決定した。

南海の名物オーナー、川勝傳さんは最後まで私をかばってくれたようだった。しかし「野

球を取るのか、女を取るのか」と問われ、

「私は女を取ります。仕事は他にいくらでもありますが、伊東沙知代という女性は世界に一人しかいません」と答えた結果、解任となった。

母を亡くしていた私にとって、頼れる者は沙知代しかいなかった。

実直な兄も沙知代との交際には反対だった。それによって、その後も長く確執が続くこととなってしまった。

このとき、すでに克則は4歳になっていた。小さな子を抱えて、仕事も失い、誰も頼りにできない八方ふさがりの状況下で、沙知代は言った。

「大阪なんて、大嫌い。みんなで東京に行こう!」

辛いことばかり続いていた大阪生活に見切りをつけ、彼女は慣れ親しんだ東京での暮らしを選んだのだ。

こうして、私たち親子は東京で暮らすことを決めた。

南海を退団するとき、私は球団関係者に「私がいなくなったら、南海はダメになりますよ」と捨て台詞を残したのはせめてもの意地だった。実際に、その後南海は下降線をたどっていく。意地の悪い言い方になるが、それはとても気分のいいものだった。

私はすでに42歳になっていた。南海を追い出され、その後も野球を続けられるのかどうかは未知数だった。これからどうやって生きていけばいいのか。予定されていた日本シリーズのゲスト解説もキャンセルされていた。

（オレはもう、野球で食っていくことはできないのか……）

私は目の前が真っ暗な気持ちのままで、東名高速を走っていた。

このとき、意気消沈している私を前に、沙知代が大きな声で言った。

「なんとかなるわよ」

さらに、沙知代は続けた。

「あなた、今年は42歳の本厄なんだから、これも厄払いだと思えばいいじゃないの」

この言葉は本当に力強かった。勇気づけられた。

あの日、愛車の中で感じた思いは一生忘れることはないだろう。

（そうだな、なんとかなるよな。もう一度、できるだけのことはしよう……）

そして、実際になんとかなったのだ。金田正一監督に請われる形でロッテオリオンズへの入団が決まったのだ。

ロッテにはわずか1年だけの在籍となったが、79年からは誕生したばかりの西武ライオンズに移籍し、翌80年まで現役生活を続けることができた。

沙知代の言う通り、本当に「なんとかなった」のだった。

生涯のベストパートナー

こうして振り返ってみると、「私が弱い」のは疑いようのない事実ではあるけれど、それ以上に「沙知代が強い」と言った方がいいのかもしれない。

第一章で触れたように、味方の失敗を願ってしまった自分の身勝手さを痛感し、現役引退を決め、まずは沙知代に「ユニフォームを脱ごうと思う」と伝えたときも、彼女は何も動じることなく平然としていた。

「ふーん、そうなの」

と何の感慨もない反応を示し、続けて、

「なんとかなるわよ」

このときも、このセリフを口にしたのだ。

現役引退後、沙知代と過ごす時間が増えた。当時の私の主な仕事は、テレビやスポーツ新聞の野球解説、評論に加えて、意外なことに講演活動がたくさん舞い込んできた。そのスケジュール管理はすべて沙知代に任せていた。

マネージャーとしての彼女はもうメチャクチャだった。舞い込んだ依頼はほぼすべて受けていたため、1日に2回、ひどいときには3回も講演した。休日もほとんどなかった。沙知代に命じられるまま、全国各地を飛び回る日々が9年間も続いた。

「オレを殺す気か！」

と沙知代に言ったことは一度や二度ではない。

それでも、身体は大変だったけれど、多くの人に必要とされていることが嬉しかった。貧乏だった少年時代のことを考えれば、こうして仕事に恵まれ、それなりの報酬を得られることも幸せだった。

人は他人から必要とされたり、求められたりしたときに幸せを感じるのだろう。

こうした評論、講演活動が認められて、1990（平成2）年からはヤクルトスワローズの監督を務めることとなった。92年には14年ぶりのセ・リーグ制覇を実現し、翌93年には当時黄金時代の真っ只中にあった西武ライオンズを破り、悲願の日本一に輝いた。

ヤクルトでは、本当にいい思いをさせてもらった。

95年、97年と、在任9年間でリーグ優勝は4回、日本一には3回も輝いた。

その後も、阪神タイガース、社会人野球のシダックス、そして東北楽天ゴールデンイーグルスでも監督を任された。

現役時代、評論家時代、そして監督時代――。

改めて振り返ってみても、なかなか充実した野球人生だったと思える。監督として結果を残せたことも、残せなかったこともあったが、大好きな野球と関わり続けることができたのは本当に幸せだった。

かつて南海をクビになり、暗澹たる思いで東京に向かっていたあの日の東名高速のことを思えば、こんなに充実した人生を送れるとは思ってもいなかった。

しかし、沙知代にとっては「そんなことは当たり前よ」という心境なのだろう。彼女の言う通り、本当に「なんとかなった」のだ。

根っからのマイナス思考の私にはとても真似のできない考え方だが、人生を生きる上での大切な処世術だ。

いろいろ言われることの多い妻だったけれど、私にはベストパートナーだった。沙知代が亡くなった今、改めてそんなことを感じているのである。

理想の夫婦とはどんなものなのだろう？

理想の夫婦とは何だろう？

そんなことを考えていたとき、ふと吉川英治さんの本の一節を思い出した。

「やさしい、難しい、どっちも本当だ。しかし、難しい道を踏んで、踏んで踏み越えて、真に難しさを苦悩した上で、はじめてやさしい」

これは、まさに夫婦関係にこそ当てはまる言葉ではないだろうか。

夫婦という関係は、ときにはやさしく、ときには困難なものだ。かつてある大先輩から、こんな言葉を贈られたことがある。

「夫の想い、妻の想い、お互いの想いを成熟させていくのが夫婦である」

沙知代との結婚生活において、私はいつもこの言葉を噛みしめていた。万事円満なときは、何も迷うことも考える必要もない。しかし、どんなに仲のいい夫婦であっても、逆風が吹くときは必ずやってくる。ふとしたきっかけで不協和音が生じたり、いさかいごとが起きることもあるだろう。

だからこそ、世の中にはこれだけ離婚する夫婦が多いのだろう。

いくら夫婦とは言え、赤の他人が同じ屋根の下で暮らし、四六時中一緒に過ごすのだ。平穏無事であるよりも、波風が立って当然だろう。

ましてや、沙知代と一緒に暮らすのだから、波風立たないはずがない。私と彼女とでは育ってきた環境も違えば、人生に対する考え方もまったく異なる。

しかし、そうしたさまざまな軋轢を互いに乗り越えてこそ、夫婦の絆はより強固なものとなるのだ。

私はしばしば、沙知代のことを「ドーベルマンのような女だ」と言ってきた。

知らない人の家に行って、いきなりドーベルマンが飛び出してきたら、誰だって恐怖を感じることだろう。沙知代には、他人にそんな感情を抱かせてしまうところがあった。私の知り合いにも「サッチーは怖い」と言う人は多い。それでも、当の本人はまったく意に介さない。

「私のことを怖がるのは、どこか心にやましいところがある人か、私のことを内心では裏切っている人なのよ」

そんなことを平然と言い放つから、ますます相手に威圧感を与えてしまうのだ。彼女の場合は、とにかく「中間」というものがないのだ。

常に、「優しい」か、「キツイ」かの二択なのだ。

また、彼女には「妥協」というものも存在しない。だから、相手が誰であろうと、まったく臆することなくズケズケと思ったことを口にする。相手の気にしていること、触れられたくないことにまで土足で踏み込んでいく。そうしたキャラクターが受けて、「サッチー」と呼ばれて、テレビで引っ張りだこになったこともあった。

もしも、彼女の言動に不快感を覚えたとしても、一般視聴者はテレビのチャンネルを変えればそれで済む。しかし、私の場合はそうはいかない。友人からは「よく我慢できるな」と言われ、週刊誌には「野村、離婚を決意か?」と書かれる始末だ。

正直に言えば、私は決して我慢しているわけではない。単に慣れただけなのだ。私の中には沙知代に対する免疫ができているのだ。

沙知代の言動で腹が立ったときには「間を置け、間を置け」と自分に言い聞かせる。ちょっと時間を置けば、大抵のことは受け流せるようになる。これが、一般的に言う「アンガーコントロール」というものなのだろうか？

彼女に逆らったり、反論したりしても、簡単に打ち負かされることは火を見るよりも明らかだ。ならば、じっと嵐が過ぎ去るのを耐えて待つのみなのだ。

これが、長年の夫婦生活から体得した「夫婦円満の秘訣」なのである。

サッチー騒動の渦中で考えていたこと

2001年12月5日――。

私はこの日のことを一生忘れないだろう。午後2時過ぎ、我が家のチャイムが鳴った。東京地検特捜部の家宅捜索が行われたのである。お手伝いさんは慌てふためいている。平静を装ってはいたものの、私だって内心ではかなり動揺していた。

沙知代は留守だったが、この時点で彼女は任意同行の末、すでに逮捕されていたのだということは後で知った。脱税容疑だった。

世間からは「野村も関与しているのではないか？」と疑惑の目を向けられたが、私は経理については何ひとつ知らされていなかった。沙知代には「あなたはお金の心配なんかしなくていいの」と言われ、貯金がいくらあるのかすら知らされていなかった。

この大バカ者が——。

彼女に対する率直な思いだった。しかし、冷静になって考えてみれば、すべてを沙知代に任せっ放しにしていた私にも非があるのは明らかだった。

人間にとっての最大の悪は鈍感である——。

野球以外のことに関して、私は本当に鈍感だ。この不祥事は間違いなく、私にも原因がある。監督時代、「野球人である前に社会人であれ」と選手たちに説いておきながら、当の私自身がこのありさまだ。心苦しく、本当に情けなかった。


捜査官が帰った後、阪神球団から電話があった。

当時、私は阪神タイガースの監督を務めていた。着信があるまで、「留任か？　解任か？」、半々の確率だと思っていた。しかし、受話器の向こうからはただひと言「残念です」とあるのみだった。

やがて、球団広報が我が家にやってきて、一緒に羽田空港に向かった。関西国際空港から球団事務所に着いたときには、すでに日付けが変わろうとしていた。

私はすでに「解任」を覚悟していたものの、球団からは「解任ではなく辞任にした方がいい」と言われた。

正直言えば、どちらでもよかったのだが、球団社長によれば「今後のことを考えれば《解任》よりも、《辞任》の方が、再起しやすいから」ということだった。この期に及んでもなお、私の今後のことを気遣ってもらえたことは嬉しかった。

結局、阪神在籍3年間、すべて最下位に終わった。チーム再建を託されながら、何も結果を残すことができなかった。こんな不本意な形でチームを去ることは無念だった。


この日以降、「サッチーバッシング」はさらに過熱する。もちろん、夫である私にも批判の矛先は向けられる。

なかには事実無根の誹謗中傷もあった。しかし、私は一切反論はせず「思う事言わねば腹膨る」の心境であったが沈黙を貫いた。

寸を進めずして尺を退く――。

こちらから反撃をして、かえって大きなダメージを被るよりは、じっと受け身に回って衝突を避けながら嵐が過ぎ去るのを待つことにしたのである。

この期間は、私たち夫婦にとって真の試練だったと言ってもいいだろう。辛かったし、心細かった。改めて私は、自分の中の「弱さ」と向き合うこととなったのだ。

沙知代と一生添い遂げる覚悟と決意

名声は短く、汚名は長い――。

そんな日々が続くこととなった。保釈後、沙知代がポツリと言った。

「ごめんなさい、あなたにはすっかり迷惑をかけてしまいました……」

彼女の口から謝罪の言葉を聞いたのは、このときが最初で最後のことだった。彼女は彼女なりに思うところがあり、反省もしていたのだ。

一連の騒動を通じて、私は改めて夫婦のあり方というものを考えていた。今後、どのように夫婦関係を続けていけばいいのか？　今まで通りの関係でいられるのか？

私は私なりに苦悩し、煩悶し、そして自分なりの結論を導き出した。

周囲からは離婚を勧める声もあった。それでも私は、沙知代と生涯添い遂げる覚悟を固めた。お互いに天寿を全うするまで、ともに暮らすことを決めた。

このとき、彼女のことを憎んだり、恨んだりもした。彼女に非があるのは間違いない。

おかげで、夫である私は職を失った。思えば、彼女とつき合い始めたことで、南海をクビになり、夜逃げ同然に大阪を飛び出すこととなったのも沙知代が原因だった。

しかし、私はそれ以上に彼女から勇気をもらった。彼女の天真爛漫な性格と強気な考え方に救われてきたのも事実だった。

私は彼女と結婚したことを後悔していない。自分で選んだ伴侶であり、自分で選んだ結婚生活だ。安易に「離婚」という選択などせず、最後まで「夫婦」という関係であることを選びたい。それが、このときの私の率直な心境だった。

本書でここまで何度も書いてきたように、私は弱い男だ。

しかし、沙知代という強い女が身近にいたことで、自分一人では到底なし得ない栄光をつかみ、賞賛を得ることができた。

私たちは決して模範的、理想的な夫婦ではない。そんなことは他人から言われずとも、私自身十分に理解していた。それでも、私たち夫婦には、私たちにしか感じ得ない「絆」があったと思う。

トラブルを乗り越えてこその絆である。

このときの一件も、結果的には私たち夫婦の絆をより強めてくれるものになったのだと、後から考えればそう思う。もちろん、当時はそんな悠長なことを考える余裕などなかったが、過ぎてしまった以上、そう考えたいし、そう考えるよりないではないか。

思えば、サッチーブームが一つの転機だったのだろう。

テレビタレントとして話題となったことで、96年には旧新進党から衆院選に立候補した。当時の小沢一郎さんは「次期首相候補」と目され、飛ぶ鳥を落とす勢いであった。党首の小沢さんから直々に口説かれたことで、彼女も舞い上がってしまったのだろう。

いや、あのときは私の方が舞い上がってしまっていた。勢いのあった小沢さんからの直々の誘いを受けて、私が「やってみてもいいのでは?」と後押ししてしまったのだ。

もちろん、私も選挙カーに乗って応援演説までした。しかし、結果は大惨敗だった。

さらに、選挙に出たことで、たとえ落選したとはいえ、沙知代は「公人」となってしまったのだ。公人である以上、学歴を含めた来歴を事細かくチェックされることになった。

連日、ワイドショーや週刊誌が、沙知代の「本当の」経歴を暴き始めた。

根も葉もないでたらめもあったが、なかには私の知らないことも多かった。学歴詐称の一件もそうだった。一度だけ、沙知代を問い詰めたことがある。

「あんたには関係ないでしょ！」

彼女のものすごい剣幕に驚き、話はそれきりになってしまった。関係ないはずはない。大いに関係があることだった。それでも、その場はそれ以上追及しなかった。

やはり、私に責任があるのだ。

そして、そのまま脱税事件になだれ込むこととなったのだ。思い出したくない出来事だったが、こうしたこともまた私と沙知代の間に起きた一つの物語なのである。

突然の沙知代の死……

あの騒動直後、沙知代とゆっくりと向き合う時間が訪れた。

この頃、「どちらが先に亡くなってしまうのか？」という話題になったことがある。かつて沙知代はインドの高名な占い師に占ってもらったことがあるという。

「その先生によると、私は88歳の正月に死ぬらしいの。年が明けた1月1日から15日の間の土曜日にあの世に呼ばれるらしいの」

ずいぶん具体的な予言に驚いたものだが、とてもよく当たる占い師だという。

「でも、1月は寒いから命日にも誰もお墓参りに来てくれないんじゃないかしら？　だから、もう少し先に延ばしてもらって、陽気のいいそよ風の吹く春先の5月くらいに死にたいと思っているの。占いの先生には〝何とか先に延ばす方法はないのか？〟って頼んでいるところなのよ」

最期まで身勝手なのが沙知代らしい。

そして、彼女は「あなたも占ってもらいなさいよ」と、その先生に鑑定してもらうことを私に勧めたのだ。私は自分の死期など知りたくない。すると、「知りたくない人は長生きできないらしいわよ」と根拠があるのかどうかもわからないことを言いだした。

日本人の平均寿命は男性が81歳、女性が87歳だという。

私は沙知代より3歳年下だった。それでも、女性の方が6年も寿命が長いのだ。当然、私の方が先に逝くと思っていた。

ましてや、本書で何度も言及しているように、私は悲観的な弱い男で、沙知代は対照的に何でも前向きに考えることのできる強い女だ。百パーセント私の方が先に逝く。

それは確信に近いものがあった。

私はいつも、「オレより先に逝くなよ」と口にしていた。

「そんなのわからないわよ」

これが沙知代の口癖だった。それでも、私は何の迷いも疑いもなく、「沙知代の方が長生きする」と信じていた。

しかし、それが単なる過信であり、思い込みにすぎないということを知らされることになった。そう、恐れていた「その日」がついに訪れたのだ。

2017年12月8日――。

沙知代が逝ってしまった日である。

「大丈夫よ」が、沙知代の最期の言葉

それは何の前触れもない、突然の出来事だった。

いつものように昼過ぎに目が覚めて、お手伝いさんが作ってくれた朝食兼昼食を食べた後、応接間でテレビを見ていたときのことだった。

「奥さまの様子がおかしいんです」

慌てた様子でお手伝いさんが飛び込んできた。大急ぎで食堂へ行くと、沙知代はテーブルの上に突っ伏していた。昼食にはほとんど手をつけていなかった。

「大丈夫か？」

背中をさすりながら様子を窺う。

「大丈夫よ」

それは、いつも通りの強気な口調だった。

それを聞いて、少しだけ安心したものの、まったく回復する気配がないので、大慌てで救急車を呼んだのだが、その時点ではすでに呼吸をしていなかった。

救急隊員の方は「手遅れです」という意味のことを口にした。もちろん、すぐに「あぁ、そうですか」とはならない。こちらは現実を受け入れたくないのだ。

すぐに病院に搬送されることとなったが、車中での心臓マッサージには何の反応も示さない。沙知代はすでに亡くなっているのだ。それは頭では理解していても、きちんと自分の中で整理ができない。頭と心がバラバラになっていた。

病院に到着後、改めて死亡が確認された。死亡時刻は16時9分だった。

あの「大丈夫よ」が、彼女にとっての最期の言葉となった。

何というあっけない亡くなり方だろう。

人間というのはこんなにも簡単に逝ってしまうものなのだろうか？

前日も何の予兆もなかった。

いつものようになじみのホテルで一緒に食事をした。彼女にとっての「最後の晩餐」はシンガポール料理のバクテーだったと思う。彼女は肉が大好きだった。

東京・代官山の西洋料理の名店、小川軒のヒレステーキが大好きだった。もしも「明日、亡くなる」ということがわかっていたら、あの店に連れて行ってあげたかった。

今でも、それが残念でならない。

常日頃から、「オレより先に逝くなよ」とは口にしていた。しかし、それは一種のあいさつのようなもので、リアリティを伴うものではなかった。

プロ野球の監督時代、常に最悪の事態を想定して作戦を考えてきた。

しかし、グラウンドを離れた実人生ではそれができていなかった。

後悔しても、仕方のないことだと理解していても、やはり悔やまれて仕方がない。

「家には体温がある」と初めて知った

私が今住んでいる家は沙知代が見つけたものだ。新築だった。

家を建てたはいいけれど、お金がなくて買えなくなった――。

そんな経緯で売りに出されていたところを沙知代が見つけて購入したのだ。

「いい家を見つけたから」

そんなことを言われて、彼女の言うがままに借金をして買ったものだが、結果的にいい買い物をしたと思っている。長年住んでいるから愛着も生まれているし、今さら別のところに引っ越すつもりもない。

沙知代の死後、私は「あること」に気がついた。

それは、「家にも体温があるのだ」ということだった。帰宅したとき、明かりがついている家と真っ暗な家とでは、明らかに存在感が違うものだ。

玄関を開けたとき、本当に静かなんだ。誰もいないのだから、物音がしないのは当然のことだと理解している。けれども、「おかえり」というたったひと言が期待できないと思うだけで、途端に寒々しさが増してくるのだ。

これが、堪《こた》えて仕方がない。寂しくて仕方がないのだ。

私が帰宅したとき、沙知代が不在だということはほとんどなかった。だから、常にエアコンが効いていた。しかし、今では真冬に帰宅しても部屋は冷え切ったままで、自分でスイッチを入れて部屋と身体が温まるのを待つしかない。

もちろん、現実的な意味での「体温」だけではない。精神的な意味においても、家には「体温」がある。人というのは、ただそこにいるだけで温かいものなのだ。

そんなことを痛感させられる日々が続いている。


沙知代が亡くなってから、私は自宅のカギを持ち歩くようになった。今まで彼女が座っていた椅子でテレビを見るようになった。

そんな生活になかなか慣れることができないでいる。

50年近く、ともに連れ添った妻が突然いなくなったのだ。そう簡単に、これまでとは違う生活に慣れるはずがないだろう。

南海に入団する直前のことだった。

私は恩師に連れられて、「プロ野球選手としての今後」を占ってもらうことになった。

「あなたの名前はそれほどよくない。でも、生まれた年月日と時間は最高にいい。野球選手として、必ず大成するでしょう」

そして、こんなひと言をつけ加える。

「しかし、あなたは女性で必ず失敗するでしょう……」

前妻とは離婚した。そして出会った沙知代によって、私は南海ホークスを解雇されることになり、後に阪神タイガースの監督も解任された。いずれも、沙知代が原因だった。

そういう意味では、あの占い師の言葉は正しかったのかもしれない。

しかし、「それでも」、と私は思う。

私は沙知代と一緒になったからこそ、これだけ波乱万丈で楽しい人生を過ごすことができたのではないか？

私と沙知代が一緒になったことは「失敗」とは言い切れないのではないか？

そうでなければ、これだけの喪失感を味わうこともないではないか。


誰もいない自宅で、私はぼんやりと考える。

神様は人間に対して二つのカードを用意しているのではないかと。

一枚目のカードは、「痛みや苦しみを伴いつつも、しばらくの間の余命とともに死んでいく」カード。大病を患い、入院や通院を繰り返しながら死んでいく道だ。

そしてもう一つは、沙知代のように「まったく苦しまずに急に死んでいく」カードだ。

沙知代は迷うことなく、二枚目のカードを選択したのだと思う。自らも苦しまず、周囲には弱りゆく姿をさらすこともない。何よりも入院費、手術代など余計な出費もない。見栄っ張りで、合理主義者の彼女のことだ。何の迷いもなく後者を選択したのだろう。

しかし、残された者は心の整理ができないままだ。

もしも沙知代が余命わずかと宣告されたとしたら、近付きつつある永遠の別れを意識しながら、残された夫婦の時間を過ごすことができたはずだ。その中で、私自身の心の整理や覚悟もつけられたはずだ。

しかし、沙知代は突然逝ってしまった。

亡くなる日の明け方、彼女は私に言った。

「手を握って……」

普段、そんなことを言うようなタイプではなかったからとても驚いた。恥ずかしくないと言えば嘘になるけれど、言われるがままに手を握った。

そんなやり取りが時間が経てば経つほど、生き生きとよみがえってくるのだ。

あのとき、照れずに彼女の手を握って本当によかった。もしも手を握っていなければ、それこそ一生の後悔となっていたことだろう。

そんなとき、私は自分自身の「弱さ」と向き合うことになる。心の中にぽっかりと空いた穴は、まったくふさがる気配がない。

男は女に……、いや、私は沙知代に完全に依存していたのだろう。

口では「一人になりたい」「自由がほしい」と言いながら、いざ一人になり、自由な時間が目の前に広がった途端に、寂しさでただオロオロするだけなのだ。

出棺前の沙知代に、私は思わず声をかけた。

「幸せだったか？」

何の答えも返ってこなかった。

棺の中の沙知代の姿をまじまじと見つめる。その顔立ちが母にそっくりだということに今さらながら気がついた。顔形だけではなく気の強い性格もそっくりだった。

知らず知らずのうちに、私は沙知代の中に母の面影を見ていたのだろうか？

沙知代のいない生活――。

それがたまらなく辛い。寂しい。

第五章

老人は弱い

2020年正月、何もない普通の日々

令和最初の正月となった2020（令和2）年新春——。

沙知代が亡くなって三度目の正月を迎えた。この年末年始は何もしないで過ごした。何もしないといったって、食事くらいはしていた。

年寄りだからといって、別に「寝正月」というわけでもない。毎日ちゃんと起きて、ご飯を食べて、テレビを見る。それだけ。ただそれだけの生活。寂しいものだ。

寝たいときに寝て、目が覚めたら起きて食事をする。あとはテレビを見るだけ。ただ、それの繰り返し。何も刺激はないけど、今さら刺激なんか必要ない。

年末年始だからといって、何も普段と変わることがない。新年だから張り切るなんてこともない。もちろん、めでたい気持ちもない。一体、何がめでたいんだよ。

特別、出かけることもなかった。出かける用事もないし、友だちもいない。テレビだけだよ、私の友だちは。

初詣も行かなかった。神社に行ったって、何をお願いすればいいのだろう？　強いて言えば「苦しまずに逝かせてください」って、そんなことぐらいだもの。

テレビが友だちとは言ったって、集中して夢中になって見ているわけじゃない。ただ点

いているだけ。私の他に誰もいない部屋に音を流しているだけ。そんな感じだ。どんな番組を見たのかも覚えていない。ＮＨＫの紅白歌合戦を見たような、見なかったような……。そんなことすら覚えていない。

餅も食べたかな？　食べたような、食べなかったような……、いや、一応食べたような気がする。食べ物なんて、いちいち覚えていない。そもそも、昨日の夜に何を食べたのかすら覚えていないのだから……。

正月らしい出来事といったら、孫がお年玉を取りに来たくらいだった。喜んだかって？　いや、お年玉程度では、最近の子は大して喜ばないものなんだね。

正月は家族全員でにぎやかに迎えるものだ。私は片親だったけれど、そういうイメージがある。しかし、今の私は女房がいないから、いつも独り。訪ねてきてくれた孫にお年玉をあげるだけの、ただのおじいちゃんだよ。寂しいもんだ。

正月の思い出と言えば、沙知代はハワイが好きだったから、年末年始は夫婦でハワイに行って、新年を迎えることが多かった。

ハワイには、日本みたいな正月気分は何もなかった。

常夏の島だ。神社参拝をするわけでなし、餅を食べるわけでなし。代わりに何かをするのかと言えば、何にもしない。観光はゼロ。私はホテルの部屋でジーッとしたままだった。冷房が効いている部屋は本当に心地よかった。

「それでハワイに行く意味があるのか?」と聞かれても、私は沙知代の言いなりでお供をするだけだった。「ハワイで楽しいところはありますか?」と尋ねられても、何も心当たりがない。どこへも案内できない。

沙知代は太陽の光を浴びるのが好きで、ずっと日焼けに勤しんでいた。いつも真っ黒になって、日本に戻っていた。そう言えば、私が初めて彼女に会ったときも日焼けしていた。あのときもまたハワイ帰りだったという。

私はせいぜい、ハワイでは買い物に繰り出すくらい。日本では買えない服や時計のような舶来品を買っていた。

女房は寒いのが苦手だった。寒さから逃げたい、そんな理由でハワイを好んでいた。

そういえば、彼女が亡くなる数年前から、突然パタリとハワイには行かなくなった。あれは何でだったのだろう?

人間は理想をなくしたときに老いるのだ

80代を迎えて数年が経った。沙知代が亡くなって2年が過ぎた。

年齢のせいなのか、それとも妻を亡くしたからなのか、以前と比べるとかなり忘れっぽくなったと自分でも思う。そもそも、「別に今さら覚えなくてもいいや」という感覚が無意識に働いているのだろう。

記憶がしっかりしていたのはいつのことだろう？

そんなことを考えてみてもやはり記憶は曖昧だが、沙知代が亡くなってから、一層顕著になったのは間違いない。

すべてがボンヤリしている感じの日々が続いている。

強烈に記憶に残るようないいこともなければ、忘れられないほどの悪いこともない。そう考えれば、こんな日常も平和でいいのかもしれない。

記憶に残すほどのことがないから、老人というのはボケていくのかもしれない。

ふと、考えることがある。

――生きていることに意味はあるのだろうか？

いくら考えても答えなんか出ないから、やっぱりただボーッとして過ごすことになる。

でも、老人なんてみんなそんなものなのだと思う。毎日が刺激に満ちて、記憶に焼きつくような劇的な日常を過ごす老人なんていないもの。

そんな感じで、私は今、いたって普通の日常を生きている。

先にも述べたように、沙知代が健在の頃は、まだ張りのある人生だったように思う。

2015（平成27）年、傘寿を迎えたときはまだまだ血気盛んだった。老いの真っ只中にある自覚はあっても、「それがどうした」という思いを持っていた。

野球に対する情熱は衰えることがなかった。野球に関わっている限り、自分は「野球人」として現役であり、「社会の一員」として現役なのだと思っていた。

人生100年時代を迎え、「老年期をどう生きるか？」ということは、人類にとってのテーマであり、私にとっても重要事項でもあった。

誰もが直面する「老い」という現実を、「衰退」とか、「喪失」という観点から考えたくはなかった。もっと前向きに「人生の総仕上げ」という視点からとらえるつもりだった。人は何歳になろうが、主体的に生き、与えられた生をまっとうしなければならない。

何も疑うことなく、そう信じていた。

アメリカの実業家で詩人のサムエル・ウルマンに『青春』という詩がある。その冒頭にはこんな一節がある。

青春とは人生の一時期のことではなく、心のあり方のことだ。

かのダグラス・マッカーサーの座右の銘でもあるというこの詩が私は大好きだった。

人間は年齢を重ねたから老いるのではない。
理想をなくしたときに老いるのである。

つまり、理想を失わなければ、人は決して老いることはないということなのだ。09年、74歳のときに「ご高齢だから」という理由で、私は東北楽天ゴールデンイーグルスの監督をクビになった。

肉体的には何の問題もなかったし、自分で言うのも何だが、頭脳だってまだまだ明晰だったと思う。半世紀以上にわたって、誰よりも野球というスポーツと深く関わり続けてきたという自負もあった。

だから、あのときは本当に落胆したものだった。

それでも、再び評論家に戻ってからも、プロ野球をはじめとする日本の野球界全体をもっと、進化、発展させたいという理想を常に抱いてきた。

ウルマンの言葉にならえば、私には理想があり、だからこそ老いてはいなかった。喜寿を過ぎ、傘寿となろうとも、私はまだまだ若かった。

しかし、沙知代が亡くなってからはその考えが一変した。

かつて、あれだけ燃えていた「野球界の発展」についても、以前のような情熱を抱くことができなくなった。日々の生活をやり過ごすことで精一杯になってきたのだ。

時代と年齢——。

この二つは、人間が決して抗うことのできないものだ。現代を生きる若者たちに私が過ごしてきた少年時代の貧乏体験を、いくら熱心に話してもピンと来るはずがない。

逆に、彼らが今夢中になっているものを、いくら熱心に説明を受けたとしても、私には何が面白いのかサッパリわからないことだろう。

ジェネレーションギャップとは、つまりは生きてきた時代の相違なのだ。

同様に、加齢もまた抗うことができない自然の摂理だ。

人間、誰でも平等に年を取る。体力も衰えれば、さまざまな病も顔を出し始める。心身ともに、かつては何てことなかったことができなくなってくる。

そんなさまざまな不調が、沙知代の死とともに顕在化してきたのだ。

逆説的な言い方になるが、やはりウルマンの言葉は正しかったのだ。人は理想をなくすときに老いていくのだ。

理想の老い方とは、はたして?

理想の老い方とは、どんなものなのだろう?

理想の夫婦も、理想の家庭もわからないまま私は生きてきたから、当然「理想の老い方」なんてわかるはずがない。

おじいちゃんとおばあちゃんになっても、夫婦仲良く近所を散歩したり、旅行へ出掛けたりすることは、ある意味では理想の老後なのかもしれない。

でも、正直言えば、私自身はそんな老後を送りたいとは微塵も考えなかった。強いて言うなら、年相応に生きたいとは考えていたと思う。老人というのは、変に若ぶることなく、年相応に生きることが大事だと思う。

加齢は止まらない。身体が動かなくなっていく。皺が増えていく。階段を上るのがとても辛くなってくる……。それがどうしようもない現実だということは、野球をやっていれば痛切に感じることだ。なにしろ抗いようがないのだから。

初めて「老い」を感じ始めたのは、まだ現役選手だった30代の後半になってからだった。インコースのボールがさばけなくなってきた。

内角が苦しい。身体の捻りが利かない。いわゆる身体の「キレ」が失われていく。誰にでもくるものだが、それが最初は悲しかったし、怒りのような気持ちも覚えた。バレないように、打撃の工夫は惜しまなかった。ピーク時とはほど遠い衰えた身体で、どのタイミングでバットを振るかを考えもした。ベテランになれば経験が武器になるのだから、いろいろ考えて、それなりに成績は出していた。

けれども、それ以上に老いは加速していった。逃げることなんてできなかった。引退のことを考え始めたのはその頃のことだった。

繰り返しになるが、やはり時代と年齢には勝てないのだ。

南海の二軍時代、監督に褒められたマメだらけの手のひらも、今では皺くちゃの老人の手だ。腕もずいぶんと痩せ細ってしまった。今でも、人からは「太っている」と言われるけれど、昔はもっと太っていた。これでも、かなり痩せたのだ。

年齢には勝てないとはそういうことなのだ。今の私がプロ野球の舞台に上がることはできない。時代には勝てないとはそういうことなのだ。

いくら見栄を張っても、老いは止まりはしない。いくら本人が若いつもりでいても、他人は「年寄り」として見てくるものだ。若ぶったって、みっともないだけだ。

周りの人たちが、私の移動に気を遣って車椅子を用意してくれた。あれも、私がほしいと言って用意してもらったものではない。

そんな状況だから、若い人に「頭がいい」とか、「知識人」とか言われるのが、いちばん嬉しいことかもしれない。「オレはまだ人に認めてもらえるのだ」という自信になるから、たとえお世辞だとわかっていても、褒められることはやっぱり嬉しい。

見栄を張っても仕方ない。人生流れのままに。

現役引退後、私は一切の運動をやめた。

プロ野球選手として、45歳までひたすら身体を酷使してきたのだ。そこで、私が唱えたのが「亀理論」だった。ほとんど動かずじっとしている亀が長寿なのは有名な話だ。「健康のために」とランニングやウォーキングをすることは、かえって心臓に負担をかけることになるのではないか？　私はそう考えたのだ。

なかなか賛同してくれる人はいないし、「少しは身体を動かした方がいいのでは？」とアドバイスをしてくれる人も多い。

それでも私は、「亀理論」を信奉して、このまま過ごしていくつもりなのだ。

物欲も、性欲も、消えていく……

老後の人生はいったい何を楽しみに生きたらいいのだろう？

人間、欲がなくなったらおしまいだ。

お金はたくさんある。もう、金銭欲はない。もう、「儲けたい」なんて考えもない。もちろん、もらえるならもらっておくけれど、今さら頑張って稼ぐ必要はまったくない。

物欲は永久に人間から失われないと言われている。

でも、「何かほしいものは？」と尋ねられても、思い浮かぶものがないな。そうか、私はすでに物欲もなくなっているのか。まったく意識していなかった。

「ほしいな」と思ったものが目の前にあれば、何の躊躇もなく買う。今は沙知代にお金の遣い道を問い詰められることもない。

サッチーが元気だった頃はクレジットカードを持たされていた。

沙知代のいないところで買い物をしたのに、「何で同じもの買ったのよ」と怒られたことがある。そのときは、「どうしてオレの買った物がわかるんだろう？」と不思議に思ったけれど、クレジットカードというのはそういうものなのだと後で知った。大真面目に、探偵でもつけていたのかと思っていた。

性欲もない。歳を取ると悲しいよ。女性に相手にされないんだから。80過ぎのじいさんを相手にする女性なんているはずがない。

若い頃のように、銀座に行きたいとは思わない。友だちに誘われることもあるけれど、本音は行きたくない。たまに行くのも、つき合いでしかない。

行ったってつまらないもの。昔は電話番号や住所を聞かれたこともあったけど、今は誰にも何も聞かれない。

私は、昔も今もモテないからな。すべては他人事だ。

ようやくサッチーから解放されたというのに、この歳から恋愛なんて無理だ。世間では「熟年恋愛」が流行っていると聞くけれど、そんなものはきっと少数派だろう。たまにあるから、逆に目立っているだけなのだと思う。

沙知代がいるときは、まあ恐かったね。

そもそも、「他の女に手を出そう」なんて思っていないけれど、それでも銀座に行くことはあった。自宅に帰ったら、沙知代は「そんなの気にしないわ」って涼しい顔をしていたけれど、間違いなく気にしていた。

ホステスさんから営業電話がかかってきたら、その携帯はすぐお亡くなりになった。勘がいいんだよな。電話を取っちゃうんだよ。そして、先方を恫喝した後に、携帯電話を折ってしまう。一体、何本の携帯を折られたことか。

先方だって、私に本気で恋愛感情を抱いているわけではない。誰がどう考えても、「お店に来て、お金を遣ってほしい」という営業電話だとわかるだろう。沙知代だって、そんなことは重々承知だろうに、怒髪天を衝く勢いとなってしまうのだ。

その姿は異常だった。でも、それぐらいこの私のことが気にかかっていたのだろう。今から思えば、そんなやり取りでさえも懐かしく思える。

金銭欲も物欲も性欲も、もうない。何も感じない。

寂しさを紛らわすものがないんだ。だからテレビを観ているだけ。気持ちをどこかに持って行くものがあったらいいのかな。

そう考えると、野球だけが寂しさを忘れさせてくれるのかもしれない。

趣味のない老人の唯一の趣味

目の前には膨大な時間があるのに、やりたいことがない。

老人にふさわしい趣味とはどういうものだろうと考えることがある。釣りとか、カメラとか、「いかにも」という感じがするけど、私にはまったく興味がない。

あとは旅行も趣味の王道だろう。でも、独りで旅行に行ったって面白くもなんともない。行きたいところもない。

それに、そもそも「やりたいこと」というのは無理に見つけるものではないだろう。

そう考えると、老人は健康第一だよ。美味しいものを食べることが唯一の楽しみだ。今は食べ物にしか興味がないのかもしれない。

人生は一回しかないのだから、美味しいものを知らずに死んでしまうのは嫌だ。しかし舌が肥えるのも考えものかもしれない。美味しいものばかり食べるということは、逆に言えば不味いものが増えていくことでもあるからだ。

沙知代が手料理をしなくなったのは、大阪から東京に来たことが大きかったのかもしれない。大阪にはあまり高級料理店がない。外食するより、自分で作った方がいいということだったのかもしれない。その点、東京は食には困らない。

私の趣味は「食事」ということになるのだろうか？

いや、趣味は野球かもしれない。

今でも野球を見るのは楽しい。

プロ野球だけではなく、高校野球中継を見ていても楽しい。若いときは高校野球の監督が夢だった。さすがにこの歳になると、諦めざるを得ないけれど。

私は弱小高校の野球部出身だったから、甲子園なんて夢のまた夢だった。

だから、今でも甲子園には強い憧れがある。何年もプロ野球選手としてプレーをした。

阪神の監督として甲子園を本拠地として何試合も指揮を執った。

それでも、甲子園というのは憧れの存在なのだ。それほど強くない高校の監督をやって、何年かかけて甲子園の土を踏んでみたい。そんな夢を抱いていた。

だから、オフシーズンがとても退屈だ。テレビを点けても、サスペンスくらいしか見るものがない。かつては、「こういう番組は誰が見るんだろう?」と思っていた頃もあったけれど、私のような老人が見るものなのだと、最近は実感している。

趣味・野球——。

私はそんな老人だ。テレビを見て、ただぼやくだけのそんな老人だ。

子どもや孫の成長が楽しめない

子どもや孫の成長を見守るのが老人の楽しみだという。

でも私の場合は、安心はするけれども、別に嬉しくはない。克則ももう50歳になろうとしている。今さら嬉しさを感じることなどない。孫は元気に立派に育ってほしいけれど、だからといって、我がことのように幸せを感じることもない。

孫ももう大学生になったり、高校に上がったりしている。一般的には「子どもより孫の方がかわいい」という人も多いが、私の場合はどうだろう?

私だってもちろん、孫たちにぜんぜん興味がないということはない。けれども、やっぱり沙知代ほど孫を溺愛することはなかった気がする。「成長を楽しむ」のは、自分の子どもだけで十分だと思う。

そういえば、サッチーは赤ちゃんが好きだった。赤ちゃんを見かけると、まったく赤の他人でもすぐに「抱かせて」と言い出していた。私にはその気持ちがよくわからなかった。自分の子や孫ならば当然、かわいいのもわかる。でも、赤の他人の赤ちゃんに対して、そこまで無邪気に「かわいい、かわいい」と思えるものなのだろうか？

カミさんには子育てという役割があるからなのかもしれない。古いことを言っているかもしれないが、女性というのは子育てがあるから強いのかもしれない。

それは、私のお袋の姿を見ていて強く思う。第二章で述べたように、私の母は本当に強い人だった。その原動力となったのは「二人の息子をきちんと育てたい」という責任感であり、愛情だったのだろう。

結局、私はいい父親になれなかった。だから、子どもも孫も、今はただ、生きて元気でいてくれればいい。そんな思いしかない。

そう考えると、克則がすべてを救ってくれたような気がする。

克則には感謝しかない。

いい嫁をもらって、仕事もちゃんとして、今もずいぶん助けられている。

克則の家は、我が家の敷地内にある。彼が家を建てるとき、最初はいい気がしなかった。広々とした庭が狭くなってしまうじゃないかと、内心では「嫌だなあ」と思っていたが、沙知代は隣に家を建てることに賛成した。

でも、今から考えたらよかったのかもしれない。

沙知代が亡くなった今、すぐ近くに息子夫婦がいるおかげでラクに生活させてもらっている。やはり、沙知代の判断は正しかったのだ。

いつも「死」のことばかり考えている

死ぬことを考え始めたのは、80歳を過ぎてからのことだった。

具体的に言えば、沙知代が死んでからのことだった。

今ではいつ死んでもいいと考えている。もうこれ以上長生きしたいとは思わない。

「これから、生きていていいことがあるのか？」と考えてみる。いくら考えても、何も頭に浮かばない。逆に聞きたいよ、「何があるの？」って。

ほしいものがない。むしろ、いらないものばかりだ。すべての欲がなくなっていく。心も身体も、すべてが鈍感になっていく。

もちろん、自分でも「これで人間としていいのだろうか？」とは思う。

だからこそ、「人間として最後にできること、やるべきことはないだろうか？」と自問自答してみるものの、何も思いつくものがない。

自分でやれることがないよ。野村克也−沙知代＝ゼロだ。

私は常々、「人間にとって最大の悪は鈍感である」と言い続けていた。「考えることをやめて、ただ状況に流されているだけでは絶対に勝てない」と訴え続けてきた。

けれど、ついに私自身が「鈍感」に到達しようとしている。

到達したら、そこに待っているのは「死」だ。

この数年で野球界の同級生たちが次々と死んだ。

長く生きれば生きるほど、友を見送る機会は多くなる。それは自然なことである。だからなのか、あまりもの悲しいという気分には浸らない。

訃報を聞いたり、葬儀に出たりしても、そこにあるのはただ「友を見送る」という意識があるだけ。「あぁ、アイツも死んじゃったか。次はオレかな」と思うだけだ。

涙は流れない。沙知代の葬式だって、涙は出てこなかった。

死が近づくというのはこういうことなのだろう。どんどん鈍感になっていく。みんな苦しい死に方をしていないから、「あぁ、よかったな」と思うだけだ。

やっぱり、沙知代はいい死に方をしたと思う。たった5分だったのだから。

そして、次はいよいよ私の番だ。できることならば、沙知代のように苦しむことなく、あっけなく向こうに逝くことができたのなら、どれだけいいだろう。

そんなことをついつい考えてしまう、今日この頃なのだ。

沙知代が亡くなっても、涙は出なかった

沙知代が亡くなってしまっても、涙は出なかった。

彼女が机に突っ伏していたときも、救急車内で応急手当を受けていたときも、亡くなったんだと聞いたときも、葬儀のときも……。

どうして涙が出なかったのかな？

その理由は今でもわからない。ぜんぜん見当もつかない。現実感がまるでないというのは、確かにそうだったけれど。

70歳を過ぎた頃から、「オレより先に逝くなよ」と沙知代に口にするようになっていた。別に、老い先短い予感があったからではない。世間一般的に考えれば、いつ死んでもおかしくない年齢になってきたから、口にしていただけだ。年寄りらしい話題だよ。

すると「そんなのわからないわよ！」と、いつも通りの強気の発言が返ってきた。けれど、それを聞いていたからといっても、沙知代が先に亡くなるとはこれっぽっちも考えていなかった。

なぜなら、私の方が弱いからだ。私の方が先に逝くものだとばかり思い込んでいた。「独りになるかもしれない」とは想像もしなかった。

沙知代と一緒にいたら、自然とそんな考えになるのだと思う。

「オレより先に逝くなよ」と言い続けたのが悪かったのかもしれない。ふと、そんなことを考えることがある。どうして、あんなに言い続けたのか？　本当は独りになることを恐れていたのか、考えないようにしたかったのか？　言い過ぎたことを後悔している。

沙知代はどう考えていたのかな？　「わからない」って言っていたくらいだから、心のどこかでは「自分の方が先になるかもしれない」とは考えていたのだと思う。

まったく、心構えはできていなかった。

サッチーは概ね健康だった。年相応に老けて入院したこともあったけれど、命に関わるような大病はなかった。

突然死というのは珍しくないのかもしれないけれど、あっけないものだ。

苦しまずに死ねたのだからいい死に方なんだとは思う。

私も看取ることができたわけだし、まったく知らないところで死んでいた、いわゆる「孤独死」よりはマシなのだろうけれど、残される方はやはり辛い。

「もう少し長生きしてくれれば、もっと愛情を傾けられたのに」だとか、「もっと毎日を大切に過ごそうとしたのに」という後悔はない。

ただ、先に逝ってほしくなかった。

それにしても、どうして私は泣けなかったのだろう？　私は血が通っていない非情な人間なのか？　妻とはいえど、所詮は他人だからなのか？

いずれにしても、女房に先立たれるのは最悪の気分だよ。

「強い妻」に先立たれた「弱い夫」として生きる日々

それにしても、どうして沙知代はあんなに強かったのだろう？

長女だったからなのか、常に強気で、弱いところなんて一度も見なかった。どんなときでも、ゴーイングマイウェイな女だった。

普通の男なら、あんな強気な女とうまくやっていくことはできないだろう。すぐに衝突するのは目に見えている。私は一度も怒ったことはないけれど。

一般的な男ならば、相手がバツイチだと腰が引けるはずだ。世界広しといえど、逃げなかったのは私くらいじゃないのかな？　正確に言えば「逃げなかった」のではなく、「逃げられなかった」と言うべきか、つまり「つかまった」のだ。

なにしろ、彼女が語っていた経歴はぜんぶウソだったのだから。

実の子どもを「拾ってきた」だなんてウソをつく女が他にいるものか。鵜呑みにする方もする方なのかもしれないけれど、どうしてあんなに見栄を張るのか？

私も田舎者だから、育ちがよくないことを引け目に感じるのはよく理解できる。

私も見栄っ張りと言えば、見栄っ張りだ。

見るからに高そうな洋物の服とか時計とか、本当の金持ちなら買わないはずだ。でも、私はついつい買ってしまう。極貧家庭で育った田舎者の悲しい性なのだろう。


それにしても、沙知代の場合は度が過ぎていた。

経歴の何から何までがウソなのだ。私のためについていたウソと言えば聞こえはいいけれど、今から思えばシングルマザーとして、「子どものためにも少しでも稼ぎがいい男をつかまえたかった」というのが本音だったのではないだろうか？

そう、子どものため。そういうところは、沙知代といえどもやはり母親らしいじゃないか。やっぱり、母は強いということだ。

おそらく、いまだに見抜けていないウソもあるのだろう。でも、今さらそんなものがわかったところで、別にどうでもいいし、気にもしない。

そうだ、沙知代が泣いたことが一度だけあった。

お母さんが亡くなったときだった。彼女の涙を見たのはそのとき限りだ。

沙知代にとって、私をつかまえたというのは幸運だったと思う。世界中探し回っても、

「サッチーの夫」になれるのは私だけだ。それは自信を持って言える。

女房に先立たれて、ますます弱くなったとつくづく感じる。

強くなんて生きていられないよ。独りでいることを楽しむなんてとてもできない。


「死んで見守る」よりも、ただ生きていてくれた方がいい

旦那に先立たれた女房は生き生きとしているけれど、奥さんを亡くした夫は弱っていく。

世間一般で言われていることだが、これはつくづくその通りだと思う。現実的に、平均寿命も女性の方が長い。どうして男は弱ってしまうのか?

それは、生活能力があるか、ないかとかいう次元の話ではない。男は弱い生き物なのだ。神様がそういう風に創ったのだと私は思う。

何度も繰り返すけど、奥さんに先に逝かれるってのはみじめだよ。

もし、私が先に亡くなっていたら、沙知代はピンピンしていただろう。新たな夫をつかまえることはさすがに無理だったただろうけれど、元気に楽しく暮らしていたはずだ。

旦那が先に亡くなるのが普通だよな。私のお袋だってそうだった。

やっぱり、男の独り暮らしと女の独り暮らしを同列には語れない。

一般的に、妻に先立たれた男は再婚するケースが多い。もちろん例外はあるけれど、夫に先立たれた女性はあまり再婚しない印象がある。

あれはどうしてなのだろう？　ようやく夫から解放されて、「自由になりたい」と考える人が多いからなのだろうか？

先立たれて、独り残された男は残りの人生をどうやって生きればいいのか？

お独りさま3年目を迎えてもなお、いまだにその答えはわからない。

「死んだ妻や夫が見守ってくれるから、強く生きなさい」とアドバイスをくれる人がいる。その理屈もわからないでもない。

私だって、いつもサッチーがそこにいるような気がするよ。

こういう「死んだ人がそこにいるかもしれない」という感覚は、誰にだってあるものだと思う。亡くなったからといって、そう簡単に忘れられるようなものではないのだから。

夕飯を食べる度に、いつものお決まりの文句、「今日は何食べる？」と聞いてくる沙知代の姿を思い出す。これがもう毎日だよ。

でも、「だから強く生きよう」とはならないものだ。なぜなら、あくまでも「そこにいる気がする」だけで、実際は「そこにはいない」のだから。

死んで見守ってくれるよりも、生きて見守ってくれている方がずっといい。

前向きに考えられる人なら、そうやって生きていけばいいと思う。羨ましいとも感じる。

だけど、私はマイナス思考だから、「ポジティブに考えろ」と言われたって無理だ。

「死んでも見守ってくれている」というのはおためごかしだ。

生きていてくれた方がいいに決まっているじゃないか。

死者は心の支えになるかもしれない。けれど、それは強い人の話だ。

私は弱い。ただただ悲しい。

そばにいないことが辛いよ。男はさっさと逝ったほうがいい。

もう十分に生きたし、幸せな人生だった

自分用の墓もできた。もう、心残りはないよ。

そういえば、沙知代の三回忌のときに初めて涙が出てきた。

ますます弱くなったからなのかな？　それとも、ようやく彼女の死を受け入れることができたからなのかな？　悲しいことには変わりはないけれど。

沙知代が亡くなってから、涙もろくなったよ。ドラマを見ていてもすぐに泣く。母が死んだときは「幸せだったの？」って聞いた。不幸な人生だったから。沙知代はどうだったのかな？

幸せな人生だったと思うよ。私というい夫を見つけられたのだから。

私も幸せだった。

野球があったから、ここまで生きてこられた。「野村克也」以上に、野球で成り上がった選手はいないだろう。やっぱり、幸せな人生だった。

そして、沙知代がいたから、こんなに弱い私も何とかここまで生きてくることができた。

世間において評価を受けることができた。それはすべて沙知代のおかげだった。

私は本当に幸せだった。

あとは死ぬだけだ。

どんな死に方がいいのかな？　理想を言えば、沙知代みたいに苦しまずに死にたい。

監督時代には「胴上げされているときに死ねれば本望だ」と話したこともある。しかし、今となってはそれは叶わない。

残された時間が少なくなっていることは理解している。生きる気力、エネルギーのようなものも風前の灯火なのかもしれない。

さて、どんな死に方をするかな。

もう、十分に生きたよ。

おわりに

星海社編集部　丸茂智晴

本書に収録した野村克也さんへのインタビューは、ホテルニューオータニ東京にあるレストラン「ＳＡＴＳＵＫＩ」で行いました。「野村さんの取材で」と断ると、必ず奥角の定席へとウェイターさんが案内してくれます。そこは野村さんが生前の沙知代さんと通い慣れた一席だったのです。個室ではなく、周りでほかのお客さんたちがそれぞれに歓談しながら食事をされているなか、２０１９年の年の瀬から２０２０年の年明けにかけて４度、野村さんからお話を聞く機会に恵まれました。

野村さんは、だいたい１週間ごとに顔を合わせる私のことを覚えていませんでした。毎回「本のための取材です」と断るところからインタビューは始まります。

「本なんか売れんだろ」

「なんだって、こんな年寄りのところにわざわざ話を聞きにくるかね」

野村さんが口火を切るのは、決まってそんなぼやきからでした。

「男の弱さ」をテーマにしたインタビュー。それは野村さんの人生の感傷的な部分を、とりわけ亡き沙知代さんとの想い出を根掘り葉掘り聞こうとするものになります。きっと気分のいい取材ではなかったでしょう。野村さんが顔をしかめたら見ないふりをして、棘《とげ》のある言葉は聞こえないふりをして、押し黙られてしまったら冷や汗をかきながら、次の質問を捻《ひね》り出すことに私は必死でした。

2020年1月8日の4度目のインタビュー——それが最後のインタビューになりました——野村さんは私の顔を見て「本か」と一言漏らし、にっかり微笑んでくれました。

覚えてもらっていただけで嬉しくなってしまったのは、やはり編集者として若輩だからでしょうか。覚えているのは明るい記憶ばかり……でも、インタビューの録音を聞き返せば、そこには泣けてきてしまうくらい生への渇望を失った野村さんの孤独を訥々《とつとつ》と口にする声しか残っていません。ただその日、野村さんとは握手をさせていただいてお別れしました。

ひんやりと冷たく、しかし力強い手のひらだったと、その感触を記憶しています。

けれど、もしかしたらそれは綺麗に改竄してしまった記憶で、私が握ったのはひとりの孤独な老いた人の、あと一月《ひとつき》の余命もない弱々しい手だったのかもしれません。訃報を耳にするときはいつだって、まだお元気だったのにと思うばかりです。


「何歳かい？」

「25です」

「結婚はしてるの？」

「してません」

「まあ絶対に結婚しろってもんじゃないけど、奥さんができたら大切にしろよ。俺はおかげでいい人生だった」


そんな会話がありました。

ただそれだけは、今を生きる私たちにとって、前向きに受け止めていけるエールとして野村さんから授かることができた言葉だったと思います。


末筆になりますが、野村克也さんのご冥福を心よりお祈りします。

構成者あとがき

長谷川晶一（ノンフィクションライター）

「野村克也さんの本の構成をしてほしい……」

一度も仕事をしたことのない出版社の、まったく面識のない編集者から依頼のメールが届いたのは緊急事態宣言が解除され、少しずつ日常を取り戻しつつあった2020（令和2）年7月の終わりのことだった。

この時点ですでに、野村さんが亡くなられてから半年近くが経過していた。依頼の意味を理解できずに、何度もメールを読み返す。この時点で理解できたことは、「亡くなる直前まで行っていた野村氏の未公開インタビューが10時間分ほど残っていること」「これらの素材を基に、野村氏の語り下ろし新書を構成してほしい」ということだった。

このメールには、野村さんの肉声が録音された取材音源データも添付されていた。

どういう経緯で、僕のところに連絡が来たのかは不明だったけれど、切羽詰まっている状況にあることはよくわかった。取材音源をダウンロードする。再生すると、懐かしい野村さんの声が流れてくる。

かつて、野村さんにインタビューした思い出がよみがえる。おそらく、ホテルニューオータニのいつもの店のいつもの席で「野村節」を響かせているのだろう。

この音源では若い男性インタビュアーが懸命に質問を重ねているものの、なかなか会話が嚙み合わずに右往左往している姿が克明に記録されていた。

当初、編集部が考えていた思惑通りに野村氏の言葉を引き出すことができない。インタビュアーとしては冷や汗をかきながらの苦行だったに違いない。同業者として、その心中は察するに余りあるものがあった。しかし、僕はこの音源に夢中になった。

それは、野村さんの語る言葉が実に生々しかったからである。

メディアで喧伝されている「知将」の姿はそこにはなく、スピーカーから流れてくるのは最愛の妻を亡くし、生きる希望を失った「老人」の日々の日常だった——。

＊

かつて、「野村さんの本の構成をしてほしい」という依頼が何度か舞い込んだ。世の中にはいわゆる「野村本」があふれている。依頼される内容も、博学な野村さんの言葉をまとめる「自己啓発本」ばかりだった。正直な思いを言えば、「今さら新しいエピソードを引き出す自信がない」という理由で、僕はそれらの依頼をすべて断っていた。

しかし、野村さんが急逝された後、猛烈な後悔が押し寄せていた。

(雑談でもいいから、もっと野村さんのお話を聞きたかった……)

そんな後悔を抱いていた頃、件のメールが届いたのだ。僕は決心する。

(ぜひ、やらせていただこう……)

一つだけ条件を出したのは「決して虚勢を張ることなく、現在の野村さんのありのままの言葉を描きたい」ということだけだった。こうして、本書『弱い男』は完成した。

一周忌を迎える今だからこそ、野村さんの最晩年の考え方を掬い上げることを強く意識した。その「最期の言葉」を、みなさんにもぜひ噛みしめていただければ幸いである——。

星海社新書
17

弱い男
（よわいおとこ）

二〇二一年 一 月二五日 第 一 刷発行

著　者　野村克也
（のむらかつや）
©Katsuya Nomura 2021

構　成　長谷川晶一
（はせがわしょういち）

編集副担当　持丸剛
（もちまるつよし）

編集担当　築地教介
（つきじきょうすけ）

発行者　太田克史
（おおたかつし）

発行所　株式会社星海社
〒一一二・〇〇一三
東京都文京区音羽一・一七・一四 音羽YKビル四階
電話　〇三・六九〇二・一七三〇
FAX　〇三・六九〇二・一七三一
https://www.seikaisha.co.jp/

発売元　株式会社講談社
〒一一二・八〇〇一
東京都文京区音羽二・一二・二一
（販売）〇三・五三九五・五八一七
（業務）〇三・五三九五・三六一五

印刷所　凸版印刷株式会社

製本所　株式会社国宝社

アートディレクター　吉岡秀典
（よしおかひでのり）（セブンテンバーカウボーイ）

デザイナー　山田知子
（やまだともこ）（チコルズ）

フォントディレクター　紺野慎一
（こんのしんいち）

校　閲　鴎来堂
（おうらいどう）

取材協力　株式会社 Athlete Solution
（アスリート ソリューション）

ISBN978-4-06-522224-9

Printed in Japan

SEIKAISHA
SHINSHO

次世代による次世代のための

武器としての教養
星海社新書

星海社新書は、困難な時代にあっても前向きに自分の人生を切り開いていこうとする次世代の人間に向けて、ここに創刊いたします。本の力を思いきり信じて、みなさんと一緒に新しい時代の新しい価値観を創っていきたい。若い力で、世界を変えていきたいのです。

本には、その力があります。読者であるあなたが、そこから何かを読み取り、それを自らの血肉にすることができれば、一冊の本の存在によって、あなたの人生は一瞬にして変わってしまうでしょう。思考が変われば行動が変わり、行動が変われば生き方が変わります。著者をはじめ、本作りに関わる多くの人の想いがそのまま形となった、文化的遺伝子としての本には、大げさではなく、それだけの力が宿っていると思うのです。

沈下していく地盤の上で、他のみんなと一緒に身動きが取れないまま、大きな穴へと落ちていくのか？　それとも、重力に逆らって立ち上がり、前を向いて最前線で戦っていくことを選ぶのか？

星海社新書の目的は、戦うことを選んだ次世代の仲間たちに「武器としての教養」をくばることです。知的好奇心を満たすだけでなく、自らの力で未来を切り開いていくための〝武器〟としても使える知のかたちを、シリーズとしてまとめていきたいと思います。

2011年9月

星海社新書初代編集長　柿内芳文

SEIKAISHA
SHINSHO